IAS/IPS परीक्षा में सफलता के सीक्रेट्स

IAS/IPS परीक्षा में सफलता के सीक्रेट्स

डॉ. रणजीत कुमार सिंह, IAS (AIR-49)

प्रभात प्रकाशन

प्रकाशक

प्रभात प्रकाशन प्रा. लि.

4/19 आसफ अली रोड, नई दिल्ली-110002

फोन : 23289777 • हेल्पलाइन नं. : 7827007777

इ-मेल : prabhatbooks@gmail.com ❖ वेब ठिकाना : www.prabhatbooks.com

संस्करण

2023

मूल्य

तीन सौ रुपए

अ.मा.पु.स. 978-93-5521-793-6

मुद्रक

जापान आर्ट, दिल्ली

IAS/IPS PAREEKSHA MEIN SAFALTA KE SECRETS

by Dr. Ranjeet Kumar Singh, IAS (AIR-49)

₹300.00

अपनी बात

संघ लोक सेवा आयोग हर साल एक अखिल भारतीय परीक्षा का आयोजन करता है, जिसे सिविल सेवा परीक्षा के नाम से जाना जाता है। यह परीक्षा तीन चरणों में होती है–प्रारंभिक परीक्षा, मुख्य परीक्षा और साक्षात्कार। प्रारंभिक परीक्षा एक स्क्रीनिंग टेस्ट है, जिसकी प्रकृति वस्तुनिष्ठ एवं वैकल्पिक प्रकार की होती है जबकि मुख्य परीक्षा लिखित परीक्षा है, जिसमें अध्ययन की गहराई तथा विश्लेषण क्षमता का परीक्षण होता है। परीक्षा के अंतिम चरण में साक्षात्कार के जरिए परीक्षार्थी के वैयक्तिक गुणों और समसामयिक जागरूकता की जाँच की जाती है।

सिविल सेवाएँ देश की सबसे प्रतिष्ठित और जवाबदेह सेवाएँ हैं। डेढ़ सौ करोड़ की जनसंख्या में से प्रतिवर्ष करीब एक हजार सिविल सेवक चुने जाते हैं, हालाँकि आवेदन कई लाख उम्मीदवार करते हैं। इन आँकड़ों से इन सेवाओं की प्रभुता और महत्ता को सहज ही समझा जा सकता है।

इन सेवाओं के लिए उम्मीदवारों को त्रिस्तरीय कसौटी पर कसा जाता है, जो उम्मीदवार तीव्र आग–सी तप्त इन कसौटियों पर खरा उतरता है, वही चुना जाता है और अपनी अनुपम आभा बिखेरते हुए देश सेवा का प्रण लेता है।

मेरी इस पुस्तक में सिविल सेवा की तैयारी के लिए आवेदकों का परिचय उन आदतों से कराया गया है, जिन्हें वे अपने दैनंदिन जीवन में उतारकर निश्चित ही यूपीएससी परीक्षा की वैतरणी को सरलता से पार कर सकते हैं।

आप सभी के मन में यह प्रश्न आ रहा होगा कि मुझे यह पुस्तक लिखने की प्रेरणा कहाँ से मिली। बात उन दिनों की है, जब मैं छठी कक्षा

में पढ़ता था। विद्यालय आने–जाने के क्रम में बुक–स्टॉल पर मैं 'आई.ए. एस. ऑफिसर बनने के लिए क्या योग्यताएँ होनी चाहिए' और 'कब तथा कैसे सिविल सेवा की परीक्षा में शामिल हो सकते हैं,' से संबंधित किताबें खोजा करता था।

शायद ही ऐसा कोई दिन गया होगा जब मैंने 'आई.ए.एस. अधिकारी कैसे बनें' आदि टाइटल से किताब नहीं खोजी होगी। लेकिन हमेशा निराशा ही हाथ लगी। पुस्तक विक्रेता को कई बार 20–30 रुपए एडवांस के रूप में भी दिए कि वे कहीं से भी खोजकर 'आई.एस.एस. ऑफिसर कैसे बनें' पुस्तक ला दें, किंतु मेरी यह खोज 10वीं की बोर्ड परीक्षा पास होने के बाद भी जारी रही। जब मैं आई.ए.एस. अधिकारी बन गया, तब भी ऐसी पुस्तक नहीं मिली। आज जब इस पुस्तक को तैयार कर रहा हूँ तो मेरी बचपन की यादें ताजा हो रही हैं।

मैं आशा करता हूँ कि सभी यूपीएससी अभ्यर्थियों के साथ ही स्कूली छात्र–छात्राओं के उत्सुक मन की खोज को पूरा करने में भी यह पुस्तक सफल होगी। मैं सभी के उज्ज्वल भविष्य की कामना करता हूँ।

पुस्तक में यदि कोई त्रुटि हो या कोई बेहतर सुझाव देना चाहते हैं, तो drranjitkumarsinghiasdr@gmail.com पर अवश्य मेल करें। प्रत्येक सुझाव का गर्मजोशी से स्वागत करूँगा।

धन्यवाद।

–डॉ रणजीत कुमार सिंह, IAS (AIR-49)

विषय–सूची

1

सिविल सेवा परीक्षाः तैयारी का बेहतर तरीका

कोई भी शिक्षित युवा जब अपने करियर के बारे में सोचता है तो वह तीन बातों को सबसे अधिक महत्त्व देता है– पद, प्रतिष्ठा और जॉब सुरक्षा। ये तीनों इच्छाएँ यदि किसी करियर में पूरी हो सकती हैं तो वह है सिविल सेवा। भारतीय सिविल सेवा देश की सर्वाधिक प्रतिष्ठित सेवा है, जो हमेशा से किसी भी महत्त्वाकांक्षी, योग्य एवं चुनौती स्वीकार करने वाले युवा को आकर्षित करती रही है। इस नजर से सिविल सेवा एकमात्र ऐसा करियर है, जो व्यक्तिगत महत्त्वाकांक्षा और सामाजिक दायित्व, दोनों के बीच संतुलन स्थापित करता है। यही वजह है कि मेडिकल, इंजीनियरिंग और प्रबंधन जैसे रोजगारोन्मुखी क्षेत्रों को छोड़कर देश के लाखों युवा सिविल सेवा में जाने के लिए किस्मत आजमाते हैं।

सिविल सेवक अपने करियर की शुरुआत में कई तरह के अहम और जिम्मेदार पदों पर कार्य करने का अवसर प्राप्त करता है, जो करियर के अन्य क्षेत्रों में देखने को नहीं मिलता। कार्य की विविधता इस क्षेत्र की विशेषता है।

आप आईएएस/आईपीएस परीक्षा को लेकर समर्पित और गंभीर हैं, तो तैयारी का बेहतर तरीका जानना जरूरी है। कोई परीक्षा कितनी कठिन है,

यह जानने के लिए उसके सफलता औसत को देखना चाहिए। इस मापदंड से आईएएस/आईपीएस एग्जाम को सबसे कठिन परीक्षा कहा जा सकता है। इसका सफलता औसत 0.01 प्रतिशत है। ऐसी परीक्षा में सफलता पाने के लिए केवल प्रतिबद्धता, तैयारी और किस्मत ही काफी नहीं होती, इसके लिए जरूरी हो जाता है कि उम्मीदवार तैयारी को अपनी जीवनशैली ही बना ले। पहले–पहल यह बहुत बोझिल लग सकता है, लेकिन यदि आप परीक्षा को लेकर समर्पित और गंभीर हैं, तो इसकी तैयारी का इससे बेहतर कोई तरीका नहीं हो सकता कि परीक्षा की तैयारी को अपनी जीवनशैली में शामिल कर लिया जाए।

यदि परीक्षा में सफलता पाना चाहते हैं, तो आपको यह बताने की जरूरत नहीं कि पढ़ाई के लिए टाइमटेबल बनाना कितना जरूरी है। आपका टाइमटेबल ऐसा हो, जो पढ़ाई के घंटों, आराम, शारीरिक गतिविधि और सामाजिक जीवन सभी को संतुलित रखे। सारा समय सिर्फ पढ़ाई करते रहने से एकरसता आ जाएगी और पढ़ाई में आपका मन भी नहीं लगेगा। इसलिए, आप दो–तीन अलग–अलग टाइम शेड्यूल बना लें, जिनमें आपकी पढ़ाई के दैनिक, साप्ताहिक और मासिक लक्ष्य निर्धारित हों। इससे आप अपनी तैयारी की निगरानी कर पाएँगे और जहाँ जरूरी हो, वहाँ सुधार ला पाएँगे।

यूपीएससी परीक्षा का पाठ्यक्रम बहुत बृहद है और किसी विषय की पूरी लंबाई–चौड़ाई नाप डालता है। ऐसे में कई उम्मीदवार तथ्यों को रट लेते हैं, बजाय कॉन्सेप्ट समझने के। यह तरीका बिल्कुल गलत है। हमारी याददाश्त केवल एक सीमित डेटा ही स्टोर कर सकती है और यह भी समय के साथ धूमिल पड़ती जाती है, इसलिए यह बहुत जरूरी है कि आप जो भी पढ़ें, उसकी मूल अवधारणा को गहराई से समझें। अगर आप किसी विषय को अच्छी तरह समझ लेंगे, तो उससे जुड़ी तमाम जानकारी अच्छी तरह याद भी रख पाएँगे।

कई उम्मीदवार केवल प्रारंभिक परीक्षा पर ही फोकस करते हैं, जोकि ऑब्जेक्टिव टाइप परीक्षा है। शुरू–शुरू में यह रणनीति सही लग सकती है,

लेकिन आगे चलकर आपको अहसास होगा कि यह गलत है। आईएएस/आईपीएस की मुख्य परीक्षा परंपरागत सब्जेक्टिव टाइप परीक्षा है, जिसमें आपको हाथ से उत्तर लिखने होंगे। इसलिए अगर आप मुख्य परीक्षा में भी सफल होना चाहते हैं, तो बेहतर होगा कि आप प्रिलिम्स स्तर से ही अपनी राइटिंग स्किल में निखार लाना शुरू कर दें। कई जानकारों का मत है कि लिखकर पढ़ाई करना न सिर्फ तथ्यात्मक सूचनाओं को याद रखने के सबसे अच्छे तरीकों में से एक है, बल्कि यह उत्तरों का फॉर्मेट विकसित करने में भी मददगार है, जोकि मुख्य परीक्षा में लाभ देता है।

समाचार–पत्र किसी भी आईएएस/आईपीएस उम्मीदवार के सबसे अच्छे दोस्त होते हैं, अतः आपको रोज समाचार–पत्र पढ़ने की आदत डालनी चाहिए। मगर इतना ही काफी नहीं है, आपको उन टॉपिक्स की पहचान भी होनी चाहिए, जिन पर आपको ज्यादा फोकस करना है। समाचार–पत्र पढ़ना शुरू करने से पहले खुद से पूछें कि आपको क्या पढ़ना चाहिए, क्यों पढ़ना चाहिए और कहाँ पढ़ना चाहिए। इस प्रकार आप वही पढ़ेंगे, जो पढ़ना जरूरी है और प्रतिदिन नई आवश्यक सूचनाएँ इकट्ठी करते चलेंगे।

अधिकांश उम्मीदवारों का इस बात पर ध्यान ही नहीं जाता कि सरकारी वेबसाइट्स नीतियों, योजनाओं, कार्यक्रमों, डेटा और रिपोर्ट्स का सरल, सुगम स्रोत हैं। इन वेबसाइट्स का अध्ययन कर आप जो सूचनाएँ पाएँगे और जो समझ विकसित करेंगे, वह प्रिलिम्स और मुख्य परीक्षा दोनों में लाभदायक रहेगी।

आईएएस/आईपीएस उम्मीदवारों को अपने साथी उम्मीदवारों और टीचर्स व कोचिंग इंस्ट्रक्टर्स के साथ स्वस्थ और उच्च कोटि के डिस्कशन करते रहना चाहिए। इन चर्चाओं में किसी एक विषय पर फोकस करें, उसे अलग–अलग नजरियों से देखें और अपनी बात को प्रामाणिक डेटा के आधार पर आगे बढ़ाएँ। किसी विषय पर अलग–अलग नजरिये सामने आने पर आप परीक्षा में अधिक संतुलित और परिपूर्ण उत्तर दे पाएँगे। ऐसे किसी डिस्कशन ग्रुप का सदस्य बनने से पढ़ाई के लिए प्रेरणा भी मिलती है, साथ ही इंटरव्यू की तैयारी में भी मदद मिल जाती है।

परीक्षा में सफल होने के लिए ही नहीं, अधिकारी के रूप में काम करने के दौरान भी आपको प्रॉब्लम सॉल्विंग स्किल की दरकार होगी। आपके सामने कई चुनौतियाँ आएँगी, जिनसे आपको नई–नई तकनीकों से निपटना होगा। आपको बृहद पाठ्यक्रम को पढ़ने, टाइम मैनेजमेंट, संसाधनों, पियर प्रेशर, समाज के प्रेशर आदि की चुनौतियों से जूझना पड़ सकता है। ऐसी स्थितियों में आपका प्रॉब्लम सॉल्विंग एटिट्यूड ही काम आएगा।

आईएएस/आईपीएस की तैयारी करना बहुत लंबा और थका देने वाला काम है। इसका पाठ्यक्रम मानो लगातार बढ़ता जाता है और समय लगातार कम होता जाता है। ऐसे में किसी एक टीचर, गाइड, मेंटर या किसी एक कोचिंग क्लास मेटेरियल पर निर्भर रहने से बात नहीं बनती। आपको खुद अपना टीचर बनना होगा। आप खुद ही प्रश्न तैयार करें और रेफरेंस तथा स्टडी मेटेरियल के इस्तेमाल से उनके उत्तर तलाशें। टीचर और स्टूडेंट दोनों की भूमिकाएँ खुद निभाने से आपके भीतर आत्मविश्वास का भी संचार होगा, जो परीक्षा में और उसके बाद भी काम आएगा।

'केवल काम, नहीं आराम' की नीति आईएएस/आईपीएस की तैयारी में कारगर नहीं हो सकती। ढेर सारी किताबों के साथ खुद को कमरे में बंद करके आज तक कोई आईएएस/आईपीएस परीक्षा क्लियर नहीं कर पाया है। आपको अपने स्वास्थ्य, मनोरंजन तथा सामाजिक जीवन पर भी ध्यान देना चाहिए। योग, ध्यान, रनिंग या फिर स्पोर्ट्स आदि के लिए रोज समय निकालें। पौष्टिक भोजन और रोज कम–से–कम आठ घंटे की नींद लें। परिवार के साथ तो समय बिताएँ ही, ऐसे दोस्त भी बनाएँ जिनके लक्ष्य आपसे मिलते–जुलते हों। इससे आपका फोकस बना रहेगा और आपको प्रेरणा मिलती रहेगी।

परीक्षा में सफलता का सफर बहुत लंबा और मुश्किल है। आपकी प्रतिबद्धता ही इस सफर को पूरा करने में आपके काम आएगी। आपके सामने ऐसी कई चुनौतियाँ और समस्याएँ आएँगी, जिनसे आपके कदम

डगमगा सकते हैं। कई ऐसे युवा भी हैं, जिन्होंने परीक्षा की तैयारी में पाँच से सात वर्ष लगा देने के बाद सामाजिक दबाव या फिर लगातार नाकामी के चलते हार मान ली। ऐसी तमाम चुनौतियों के बावजूद, यह भी सच है कि हर वर्ष मुट्ठी भर उम्मीदवार अपनी इच्छाशक्ति के बल पर इस परीक्षा को क्रैक कर ही लेते हैं। इसके लिए जरूरी है कि आपको खुद पर विश्वास हो और अपने लक्ष्य के प्रति आप में समर्पण हो।

वैसे भी बढ़ती प्रतिस्पर्धा के कारण उम्मीदवारों के लिए आईएएस/आईपीएस परीक्षा में सफल होना बेहद कठिन होता जा रहा है। परीक्षा को इतना कठिन बनाने के मुख्य कारणों में से एक है कि यह परीक्षा आपके ज्ञान के अलावा आपकी जीवनशैली, आपके व्यक्तित्व और चारित्रिक गुणों की भी परीक्षा होती है। ज्ञान तो किताबों और संसाधनों से प्राप्त किया जा सकता है लेकिन जीवनशैली के गुण जैसे आत्मानुशासन, प्रेरणा, समयनिष्ठा जैसे अन्य तथ्यों की जानकारी हमें किताबों से नहीं मिल सकती।

ये व्यक्तिगत जीवनशैली का हिस्सा हैं और समय के साथ विकसित होते हैं। जब बात अंतिम चयन की आती है तब ये गुण ही उम्मीदवारों के बीच महत्त्वपूर्ण अंतर पैदा कर देते हैं।

आपने अपने शिक्षकों, कोच और यहाँ तक कि सहपाठियों से भी यह जरूर सुना होगा कि आईएएस/आईपीएस की परीक्षा में सफल होने की कुंजी है पढ़ाई करना। हालाँकि वे मजाक नहीं कर रहे थे। सीसैट परीक्षा का लगातार बढ़ता पाठ्यक्रम और यहाँ तक कि विषय विशेष पेपर के व्यापक पाठ्यक्रम से पार पाने का एकमात्र रास्ता भी यही है कि आप खुद से पढ़ने की यानी सेल्फ स्टडी की आदत विकसित करें। पढ़ने की यह आदत आप पर थोपी नहीं जा सकती, यह आप में स्वाभाविक रूप से होनी चाहिए। इसलिए यदि आप सिविल सेवा परीक्षा की तैयारी कर रहे हैं तो किताबी कीड़ा होना निश्चित रूप से आपके पक्ष में होगा। ज्ञान के अलावा किताबों की मदद से आप अपने भाषा कौशल और लेखन शैली में भी सुधार कर सीख सकते हैं।

भारत में सिविल सेवा परीक्षाओं का इतिहास

आज के भारत की जो प्रशासनिक संरचना हमें दिखती है उसमें अंग्रेजों का बहुत बड़ा योगदान है। संघ लोक सेवा आयोग भी उनमें से ही एक है। भारत में सिविल सेवा का इतिहास, नवीन भारत के इतिहास से बहुत पुराना है और लंबे समय से देश की प्रगति का सबसे मजबूत स्तंभ बना हुआ है।

लॉर्ड कॉर्नवालिस को भारत में 'सिविल सेवा का जनक' माना जाता है। अठारहवीं शताब्दी में प्रशासन को सुचारू रूप से चलाने के लिए उसने इन सेवाओं को प्रारंभ तथा संगठित किया। कई वर्षों तक इन सेवाओं पर नियुक्ति के लिए कोई परीक्षा नहीं होती थी, लेकिन 1857 की क्रांति ने अंग्रेजों को प्रशासन के तरीके में बदलाव करने पर मजबूर कर दिया। 1857 के बाद इंग्लैंड की संसद ने भारत का शासन सीधे अपने अधीन कर लिया और कुछ वर्षों के बाद भारतीय सिविल सेवा अधिनियम, 1861 पारित कर कुछ पद अनुबद्ध सिविल सेवकों (जो कम–से–कम सात वर्षों तक भारत में रहे हों) के लिए आरक्षित कर दिए गए। इससे भारतीयों के सिविल सेवा के उच्चतम रैंक में प्रवेश का द्वार खुल गया। व्यवस्था की गई कि प्रशासनिक सेवाओं में भर्ती के लिए अंग्रेजी माध्यम से एक प्रवेश परीक्षा इंग्लैंड में आयोजित की जाएगी, जिसमें ग्रीक एवं लैटिन इत्यादि भाषाओं के विषय होंगे। प्रारंभ में इस परीक्षा के लिए निर्धारित आयु 23 वर्ष थी। तदुपरांत 1860 में इसे 22 वर्ष फिर 1866 में 21 वर्ष और अंत में 1878 में घटाकर 19 वर्ष कर दिया गया। इस परीक्षा में भारतीयों को भी बैठने की अनुमति थी, पर अनेक अवरोधों के चलते भारतीयों के लिए यह परीक्षा देना कठिन था, इसके कई कारण थे जैसे परीक्षा सिर्फ इंग्लैंड में होती थी, इसका पाठ्यक्रम भी कुछ ऐसा था जो भारतीयों की समझ के परे था। पाठ्यक्रम में यूनानी, लैटिन और अंग्रेजी भाषाओं के ज्ञान पर बल दिया जाता था। इन सब बंदिशों के बावजूद 1863 में, सत्येंद्रनाथ टैगोर (रवींद्रनाथ टैगोर के बड़े भाई) ने इंडियन सिविल सर्विस में सफलता पानेवाले प्रथम भारतीय होने का गौरव प्राप्त किया। इस पद के कार्य और अधिकार देखते हुए 1885 में कांग्रेस ने अपने पहले अधिवेशन में 'लोक सेवा' के भारतीयकरण की माँग रखी।

इसके बाद लॉर्ड डफरिन ने सिविल सेवा में बदलाव का सुझाव देने के लिए एचिसन समिति सन् (1886) की स्थापना की। समिति ने प्रस्तावित किया कि अनुबंधित और असंबद्ध सिविल सेवाओं को क्रमशः इम्पीरियल, प्रांतीय और अधीनस्थ सिविल सेवाओं का नाम दिया जाए। धीरे–धीरे **आईसीएस** को भारत में ब्रिटिश नियंत्रण के ''स्टील फ्रेम'' के रूप में जाना जाने लगा, क्योंकि इसने ब्रिटिश साम्राज्य को विशाल क्षेत्रों पर नियंत्रण बनाए रखने में आवश्यक सहायता प्रदान की। फिर 1917 में हाउस ऑफ कॉमन्स में एडविन मोंटेग द्वारा की गई अगस्त घोषणा के साथ सार्वजनिक सेवाओं में भारतीयों का प्रतिशत महत्त्वपूर्ण रूप से बढ़ने लगा, जिसने प्रशासन में भारतीयों के जुड़ाव में वृद्धि का वादा किया। फिर कुछ वर्षों के बाद 1923 में विस्काउंट ली आयोग की स्थापना हुई। इस आयोग को लोक सेवाओं मे सुधार करने के उद्देश्य से बनाया गया था। इस आयोग द्वारा की गई प्रमुख अनुशंसाएँ थीं–

(i) भारतीय सिविल सेवा, भारतीय पुलिस, भारतीय चिकित्सा सेवा, भारतीय इंजीनियरिंग सेवा (सिंचाई विभाग के इंजीनियर) तथा भारतीय वन सेवा इत्यादि में नियुक्तियों की प्रक्रिया जारी रखनी चाहिए एवं नियुक्ति का कार्य भारत के राज्य सचिव को करना चाहिए।

(ii) अखिल भारतीय स्तर की अन्य सेवाओं, जैसे– भारतीय कृषि सेवा, भारतीय वेटनेरी सेवा, भारतीय शिक्षा सेवा, भारतीय इंजीनियरिंग सेवा (सड़क एवं भवन शाखा) तथा भारतीय वन सेवा (केवल मुंबई प्रांत में) के लिए आगे कोई नियुक्ति या भर्ती नहीं की जानी चाहिए। भविष्य में इन सेवाओं के सदस्यों की नियुक्ति और नियंत्रण रखने का कार्य प्रांतीय सरकारों द्वारा किया जाना चाहिए।

(iii) सेवाओं के भारतीयकरण के लिए उच्च पदों में से 20% पद प्रांतीय सिविल सेवा में से पदोन्नति के आधार पर भरे जाने चाहिए। सीधी भर्ती के समय अंग्रेजों और भारतीयों का अनुपात बराबर होना चाहिए। ताकि लगभग 15 वर्षों में 50-50 का अनुपात हासिल हो सके।

(iv) ऐसे ब्रिटिश अधिकारियों को समानुपातिक पेंशन के आधार पर सेवानिवृत्ति की अनुमति दी जानी चाहिए जो भारतीय मंत्रियों के अधीन कार्य करने के इच्छुक न हों।

(v) भारत सरकार अधिनियम, 1919 के प्रावधानों के अनुसार **'लोक सेवा आयोग'** का गठन किया जाना चाहिए।

ली आयोग की उक्त **पाँच** अनुशंसाओं को स्वीकार करते हुए ब्रिटिश सरकार ने उन्हें लागू करते हुए 1926 में 'केंद्रीय लोक सेवा आयोग' की स्थापना की और आयोग को लोक सेवकों की भर्ती करने का कार्य सौंपा। इस आयोग में एक अध्यक्ष और चार अन्य सदस्यों का प्रावधान था। इसके पहले अध्यक्ष ब्रिटिश गृह लोक सेवा के वरिष्ठ सदस्य 'सर रॉस बार्कर' (Sir Ross Barker) थे। जब 1935 का शासन अधिनियम लागू हुआ, तो इस आयोग का नाम 'संघीय लोक सेवा आयोग' हो गया। इसके बाद 26 जनवरी, 1950 को जब आजाद भारत का संविधान लागू किया गया, तब 'संघीय लोक सेवा आयोग' का नाम बदलकर 'संघ लोक सेवा आयोग' कर दिया गया। हिंदी में इसे 'संघ लोक सेवा आयोग' तथा अंग्रेजी में Union Public Service Commission कहा जाता है।

सिविल सेवा नियुक्तियों के लिए उम्मीदवारों का चयन और उनकी सिफारिश करने के लिए यूपीएससी सिविल सेवा परीक्षा आयोजित करने के लिए उत्तरदायी है। यह परीक्षा इंपीरियल सिविल सर्विस द्वारा वर्षों से उपयोग किए जाने वाले मॉडल पर आधारित है।

1976 में कोठारी समिति द्वारा तीन चरणों की चयन प्रक्रिया की सिफारिश की गई थी। प्रारंभिक परीक्षा वस्तुनिष्ठ प्रकृति की होती है, जिसमें वैकल्पिक और सामान्य अध्ययन के लिए एक–एक पेपर होता है। मुख्य परीक्षा में नौ सब्जेक्टिव पेपर होते हैं। व्यक्तित्व परीक्षण अंतिम चरण है। 1989 में, सतीश चंद्र समिति ने निबंध के एक प्रश्न–पत्र को शामिल करने और साक्षात्कार (व्यक्तित्व परीक्षण) के अंकों में सुधार का सुझाव दिया। 2004 में आयोग ने प्रस्ताव दिया कि प्रारंभिक परीक्षा में एक योग्यता प्रमाण–पत्र शामिल किया जाए। फिर 2011 में प्रारंभिक परीक्षा में सीसैट को जोड़ा गया और 2015 में उसे क्वालीफाइंग बना दिया गया।

क्या है यूपीएससी सिविल सेवा परीक्षा?

यूपीएससी प्रति वर्ष सिविल सेवा परीक्षा का आयोजन कराता है जिसे हम 'आईएएस/आईपीएस एग्जाम' के नाम से भी जानते हैं। यूपीएससी विभिन्न सेवाओं के लिए लगभग दर्जन भर परीक्षाओं का आयोजन करता है, जैसे अभियांत्रिकी, चिकित्सा, वन सेवा इत्यादि।

यूपीएससी लेवल A और लेवल B कर्मचारियों की भर्ती के लिए एक स्वतंत्र संगठन है। संघ लोक सेवा आयोग (यूपीएससी) की स्थापना 1 अक्टूबर, 1926 को हुई थी। इसका मुख्यालय नई दिल्ली में है। यूपीएससी प्रतिवर्ष देश में सिविल सेवा प्रतियोगी परीक्षा आयोजित करता है, जिसके परिणाम के आधार पर भारत सरकार के केंद्रीय व राज्य प्रशासन के लिए सिविल सेवा अधिकारी जैसे जिलाधिकारी, आईपीएस/पुलिस अधिकारी इत्यादि चुने जाते हैं।

जरूरी शैक्षणिक योग्यता–यूपीएससी के मुताबिक परीक्षा के लिए आवेदन करने वाले उम्मीदवार किसी भी स्ट्रीम से ग्रेजुएट होने चाहिए, पोस्ट ग्रेजुएट और इससे ज्यादा पढ़े–लिखे लोग भी इसके लिए आवेदन कर सकते हैं। अगर आपके पास इसके समकक्ष कोई प्रोफेशनल डिग्री है, जो है, तब भी आप आवेदन के योग्य हैं। अगर आप किसी विदेशी यूनिवर्सिटी से पढ़े हुए हैं, तो इस बारे में आप यूपीएससी की आधिकारिक वेबसाइट पर जाकर जानकारी हासिल कर सकते हैं।

आयु सीमा और नंबर ऑफ अटेम्प्ट्स–आईएएस/आईपीएस परीक्षा के लिए आयु सीमा की बात करें, तो यह अलग–अलग कैटेगरी के लिए अलग–अलग निर्धारित की गई है। आयोग के मुताबिक सामान्य वर्ग के उम्मीदवारों के लिए आयु सीमा 21 से लेकर 32 वर्ष तक है। ओबीसी वर्ग के उम्मीदवारों को इसमें 3 वर्ष की छूट दी जाती है। इसके अलावा एससी और एसटी वर्ग के उम्मीदवारों को आयु सीमा में 5 वर्ष की छूट दी जाती है। सामान्य वर्ग के उम्मीदवार 6 बार परीक्षा में शामिल हो सकते हैं। ओबीसी वर्ग के उम्मीदवार 9 बार और एससी–एसटी के उम्मीदवार अधिकतम आयु तक यह परीक्षा दे सकते हैं।

चयन प्रक्रिया–सबसे पहले प्रारंभिक परीक्षा का आयोजन किया जाता है। इस परीक्षा में आवेदन करने वाले सभी उम्मीदवार शामिल हो सकते हैं। मुख्य परीक्षा में शामिल होने का मौका प्रारंभिक परीक्षा में सफल होने वाले उम्मीदवारों को मिलता है। इंटरव्यू के लिए मुख्य परीक्षा में सफलता पाने वाले उम्मीदवारों को बुलाया जाता है। जो इन तीनों परीक्षाओं में सफलता प्राप्त करते हैं, उनके प्राप्तांकों के आधार पर मेरिट लिस्ट बनाई जाती है और उनकी रैंक निर्धारित की जाती है। जिनकी रैंक अच्छी होती है, उन्हें आईएएस सेवा मिलती है, जबकि बाकी लोगों को आईपीएस, आईएफएस और आईआरएस जैसी सेवाएँ मिलती हैं।

प्रारंभिक परीक्षा–परीक्षा के इस चरण में दो पेपर्स देने होते हैं, जो एक दिन मे आयोजित किए जाते हैं। इनमें पहला है सामान्य अध्ययन जो कि प्रथम प्रश्न–पत्र के रूप में आता है और दूसरा पेपर है सिविल सर्विसेज एप्टीट्यूड टेस्ट। प्रत्येक पेपर 200 अंकों का होता है और सभी प्रश्न ऑब्जेक्टिव टाइप होते हैं, प्रत्येक प्रश्न–पत्र को हल करने के लिए दो घंटे का समय मिलता है। सामान्य अध्ययन प्रथम प्रश्न–पत्र के आधार पर प्रारंभिक परीक्षा पास की जाती है। द्वितीय प्रश्न–पत्र सीसैट में न्यूनतम 33% अंकों के साथ क्वालिफाई करना अनिवार्य है। इस परीक्षा से जुड़ी एक महत्त्वपूर्ण बात यह है कि प्रारंभिक परीक्षा के अंकों का योग फाइनल परीक्षा में नहीं जोड़ा जाता, मगर प्रारंभिक परीक्षा को पास किए बिना आप मुख्य परीक्षा नहीं दे सकते। प्रारंभिक परीक्षा मुख्य परीक्षा के लिए उम्मीदवारों को फिल्टर करने का एक महत्त्वपूर्ण चरण है।

मुख्य परीक्षा–प्रारंभिक परीक्षा पास करने के बाद मुख्य परीक्षा में बैठने का अवसर मिलता है। इसमें कुल नौ परीक्षाएँ होती हैं और वे सभी सब्जेक्टिव टाइप होती हैं। इस परीक्षा में पहले दो पेपर क्वालीफाइंग नेचर के होते हैं, जिन्हें सिर्फ पास करना होता है और उनके अंक फाइनल मेरिट लिस्ट में नहीं जोड़े जाते। पहला पेपर 8वीं अनुसूची में शामिल कोई एक भाषा एवं दूसरा पेपर अंग्रेजी का होता है। ये दोनों ही पेपर 300–300 अंकों के होते हैं। सभी नौ प्रश्न–पत्रों में कुल मिलाकर तकरीबन 180 से

200 प्रश्न होते हैं जिनका कुल योग 1750 अंकों का होता है। प्रत्येक पेपर के लिए तीन घंटे का समय निर्धारित होता है। एक पेपर निबंध का होता है, जो 250 अंकों का होता है। चार सामान्य अध्ययन के पेपर होते हैं, जो 250–250 अंकों के होते हैं। वैकल्पिक विषय के दो पेपर होते हैं, जो 250–250 अंकों के होते हैं। अरुणाचल प्रदेश, मणिपुर, मेघालय, मिजोरम, नागालैंड और सिक्किम राज्यों के उम्मीदवारों के साथ–साथ श्रवणबाधित उम्मीदवारों के लिए पेपर 'ए' अनिवार्य नहीं है।

साक्षात्कार–यह इस परीक्षा का अंतिम चरण होता है। इस चरण के 275 अंक होते हैं। यह सिविल सेवा परीक्षा का सबसे महत्त्वपूर्ण चरण है। इस चरण में भाग लेने के लिए उम्मीदवार को यूपीएससी के धौलपुर हाउस, दिल्ली बुलाया जाता है, जहाँ एक तय पैनल उनसे सवाल–जवाब करता है।

फाइनल मेरिट लिस्ट में सिर्फ मुख्य परीक्षा और साक्षात्कार के ही प्राप्तांक जोड़े जाते हैं।

कट–ऑफ–किसी भी परीक्षा की कट ऑफ के बारे में अंदाजा लगाना बहुत मुश्किल काम है, लेकिन पिछले वर्षों के रिजल्ट्स को देखकर एक ट्रेंड का पता लगाया जा सकता है। जैसे प्रारंभिक परीक्षा में कट ऑफ आमतौर पर 50 प्रतिशत के आस–पास रहती है, मुख्य परीक्षा में 35–40 प्रतिशत और फाइनल मेरिट लिस्ट भी 45 प्रतिशत कट ऑफ पर बन जाती है।

यूपीएससी परीक्षा पात्रता

यूपीएससी भारत की केंद्रीय एजेंसी है, जो आईएएस, आईपीएस, आईएएस आईएफएस जैसी कई शीर्ष सरकारी सेवाओं में उम्मीदवारों की भर्ती के लिए सिविल सेवा परीक्षा जैसी परीक्षा आयोजित करती है या यूँ कहें कि यह भारतीय और केंद्रीय सेवाओं के समूह A और B के कर्मचरियों की परीक्षा की उत्तरदायी एजेंसी है। आयोग भारत के राष्ट्रपति के प्रति जवाबदेह है। चूँकि यूपीएससी एक संवैधानिक संस्था है, इसलिए यह पूरी तरह से संविधान के प्रावधानों के अंतर्गत कार्य करती है। वैसे तो संविधान हर

किसी को सरकार और उसके इंस्टीट्यूशंस में शामिल होने का अधिकार देता है, लेकिन वही संविधान उन इंस्टीट्यूशंस को, अपनी जरूरतों के अनुसार कुछ पात्रता मानदंड सेट करने की इजाजत भी देता है।

यूपीएससी परीक्षा की पात्रता उम्मीदवारों के लिए सबसे पहले ध्यान देने वाली बात है। इसलिए उम्मीदवारों को यूपीएससी की आधिकारिक वेबसाइट के माध्यम से पात्रता मानदंड में किसी भी बदलाव पर नजर रखनी चाहिए। कुछ बुनियादी पात्रता मानदंड राष्ट्रीयता, आयु सीमा, शैक्षिक योग्यता और प्रयासों की संख्या जैसे कारकों पर आधारित हैं, जैसे–

राष्ट्रीयता–यदि आप यूपीएससी (आईएएस या आईपीएस) परीक्षा में शामिल होने की योजना बना रहे हैं, तो आवेदन के योग्य होने के लिए आपको भारत का नागरिक होना चाहिए। अन्य सेवाओं के लिए उम्मीदवार को होना चाहिए–

1. भारत का नागरिक या
2. नेपाल का नागरिक या
3. भूटान का नागरिक या
4. वे तिब्बती शरणार्थी जो 1 जनवरी, 1962 से पहले भारत में बसने के इरादे से भारत आए थे या
5. भारतीय मूल के लोग (PIO), जो स्थायी रूप से भारत में बसने के लिए पाकिस्तान, बर्मा, श्रीलंका, पूर्वी अफ्रीकी देशों जैसे–केन्या, युगांडा, संयुक्त गणराज्य (तंजानिया, जाम्बिया, मलावी, इथियोपिया, जैरे और वियतनाम) से पलायन कर चुके हैं।

नोट:–श्रेणी 2 – 5 से संबंधित उम्मीदवारों को भारत सरकार द्वारा जारी पात्रता का प्रमाण–पत्र प्रस्तुत करना चाहिए। उक्त पात्रता प्रमाण–पत्र प्राप्त करने से पूर्व उन्हें परीक्षा देनी होगी तथा प्रमाण–पत्र जारी होने के बाद ही उन्हें नियुक्ति का प्रस्ताव प्राप्त होगा।

श्रेणी 2 – 4 से संबंधित व्यक्ति भारतीय विदेश सेवा में नियुक्ति के लिए पात्र नहीं हैं।

आयु सीमा–यूपीएससी (आईएएस/आईपीएस) के लिए एक उम्मीदवार की न्यूनतम आयु विज्ञप्ति में तय तिथि के अनुसार 21 वर्ष से कम और 32 वर्ष से अधिक नहीं होनी चाहिए। नीचे दी गई तालिका प्रत्येक श्रेणी के आवेदकों के लिए आयु सीमा दर्शाती है, जैसे–

श्रेणी	आयु (छूट)	अनुमत प्रयासों की संख्या
सामान्य/ईडब्ल्यूएस	32	06
ओबीसी	35 (3 वर्ष की छूट)	09
एससी/एसटी	37 (5 वर्ष की छूट)	असीमित (आयु सीमा तक)
रक्षा सेवा कार्मिक	35 (3 वर्ष की छूट)	09
बेंचमार्क विकलांगता वाले व्यक्ति (पीडब्ल्यूडी)	42 (10 वर्ष की छूट)	असीमित (आयु सीमा तक)

प्रयासों की संख्या–यूपीएससी (आईएएस/आईपीएस) सिविल सेवा परीक्षा में एक सामान्य वर्ग के उम्मीदवार को अधिकतम छह प्रयासों की अनुमति है। हालाँकि, अनुसूचित जाति/अनुसूचित जनजाति वर्ग के उम्मीदवारों के लिए प्रयासों की संख्या का प्रतिबंध लागू नहीं है। ओबीसी और बेंचमार्क विकलांग उम्मीदवारों को परीक्षा में अधिकतम नौ प्रयासों की अनुमति है। सिविल सेवा परीक्षा के लिए आवेदन करने में प्रयासों की संख्या एक महत्त्वपूर्ण कारक बन जाती है।

यदि कोई उम्मीदवार प्रारंभिक परीक्षा के किसी एक पेपर में उपस्थित होता है, तो यह माना जाता है कि उसने सिविल सेवा परीक्षा में एक प्रयास किया है।

वे उम्मीदवार जो भारतीय प्रशासनिक सेवाओं या भारतीय विदेश सेवाओं में नियुक्त होते हैं और उस सेवा के सदस्य बने रहते हैं। वे फिर से आईएएस परीक्षा में भाग लेने के योग्य नहीं होते हैं। सिविल सेवा परीक्षा में फिर से प्रतिस्पर्धा करने के लिए उन्हें इस्तीफा देना होगा। एक मौजूदा आईपीएस अधिकारी फिर से सिविल सेवा परीक्षा के लिए उपस्थित हो सकता है, लेकिन उम्मीदवार पुलिस सेवा का विकल्प नहीं चुन सकता है।

शैक्षिक योग्यता—यूपीएससी (आईएएस/आईपीएस) परीक्षा के लिए न्यूनतम शैक्षिक मानदंड इस प्रकार हैं, जैसे—

1. उम्मीदवारों के पास सरकार द्वारा मान्यता प्राप्त विश्वविद्यालय से प्राप्त डिग्री या समकक्ष योग्यता होनी चाहिए।
2. वे उम्मीदवार जो अपने उच्च शिक्षा पाठ्यक्रम के अंतिम वर्ष में हैं या परिणाम की प्रतीक्षा कर रहे हैं, वे भी प्रारंभिक परीक्षा के लिए उपस्थित होने के पात्र हैं। मुख्य परीक्षा के लिए उन्हें आवेदन के साथ उक्त परीक्षा उत्तीर्ण होने का प्रमाण प्रस्तुत करना होगा।
3. पेशेवर और तकनीकी डिग्री के समकक्ष सरकार द्वारा मान्यता प्राप्त पेशेवर और तकनीकी योग्यता रखने वाले उम्मीदवार भी पात्र हैं।
4. मेडिकल छात्र जिन्होंने एमबीबीएस डिग्री के अंतिम वर्ष में उत्तीर्ण किया है, लेकिन अपनी इंटर्नशिप पूरी नहीं की है, वे भी परीक्षा के लिए पात्र हैं। उन्हें विश्वविद्यालय/संस्थान के संबंधित प्राधिकारी से पाठ्यक्रम पूरा होने का प्रमाण—पत्र (इंटर्नशिप सहित) जमा करना होगा।

सफलता की कहानीः सेल्फ कॉन्फिडेंस और सकारात्मक रवैया

सेल्फ कॉन्फिडेंस और पॉजिटिव एप्रोच के द्वारा कोई भी अभ्यर्थी बड़े से बड़ा लक्ष्य भी हासिल कर सकता है। ऐसी ही एक आईएएस हैं-यूपीएससी परीक्षा, 2022 में ऑल इंडिया रैंक 1 प्राप्त कर आईएएस अफसर बनने वाली श्रुति शर्मा।

श्रुति शर्मा का परिवार मूल रूप से बिजनौर का रहने वाला है, अपनी शुरुआती पढ़ाई श्रुति ने बिजनौर से ही पूरी की, इसके बाद उन्होंने दिल्ली के सेंट स्टीफेंस कॉलेज से ग्रेजुएशन और जवाहरलाल नेहरू विश्वविद्यालय से पोस्ट ग्रेजुएशन किया। उसके बाद उन्होंने UPSC की तैयारी शुरू कर दी। इसके लिए उन्होंने जामिया मिलिया इस्लामिया आवासीय कोचिंग अकादमी में पढ़ना शुरू किया। श्रुति कहती हैं, जामिया की इस अकादमी से मुझे बहुत मदद मिली। साथ ही मेरे टीचर्स, दोस्तों और पैरेंट्स के सपोर्ट की वजह से ही मुझे यह सफलता मिल पाई है।

अपने सफर के बारे में श्रुति शर्मा ने बताया कि वो चार साल से इस परीक्षा को पास करने के लिए कड़ी मेहनत कर रही थीं और उन्होंने दूसरे अटेम्प्ट में सिविल सर्विसेज एग्जाम में सफलता हासिल की है। वह कहती हैं कि पहली बार में एक गलती की वजह से मैं इंग्लिश मीडियम में एग्जाम नहीं दे पाई और हिंदी में लिखकर स्कोर नहीं कर पाई अत: एक नंबर से मेरा इंटरव्यू कॉल रह गया, लेकिन इसने निराशा से ज्यादा मुझे हिम्मत दी और दूसरे अटेम्प्ट में मैंने ज्यादा मेहनत की तथा सफल रही। रिजल्ट आते ही मैंने मम्मी और नानी को बताया और फिर पापा से फोन पर बात की, उनकी खुशी देखना मेरे लिए बहुत स्पेशल है।

श्रुति कहती हैं, सिलेबस काफी ज्यादा होता है, तो सही स्ट्रैट्जी जरूरी होती है। मैंने खुद नोट्स बनाए, रिवीजन पर फोकस किया और स्वयं अच्छा जवाब लिखने की प्रैक्टिस की। उनका कहना है कि कितने घंटे पढ़ना है यह ज़रूरी नहीं, बल्कि आपने कितनी लगन से पढ़ाई की है यह मायने रखता है। इसके अलावा धैर्य और एकाग्रता ही आपको इस परीक्षा में सफलता दिला सकते हैं जिस पर मैंने पूरा ध्यान दिया।

वह कहती हैं, सिविल सेवा परीक्षा का सिलेबस काफी बड़ा होता है और मार्केट में भी बहुत-सा स्टडी मेटेरियल है, मगर कई बार स्टूडेंट्स इसके भरोसे रहकर ही गलती करते हैं। बेसिक्स पर ध्यान देना, कॉन्सेप्ट्स क्लियर करने के लिए स्वयं के नोट्स बनाना भी बहुत जरूरी है। साथ ही, बार-बार रिवीजन सिविल सेवा परीक्षा की तैयारी की सबसे बड़ी जरूरत है। वह कहती हैं, मैं कोचिंग गई थी, मदद भी मिली लेकिन बाद में मैंने कोचिंग छोड़ दी। मुझे सेल्फ स्टडी पर ज्यादा भरोसा था। वे घंटों की पढ़ाई पर यकीन नहीं रखतीं, उनका मानना है कि हर किसी का पढ़ने का अलग स्टाइल होता है, इसलिए हर कोई किसी एक फॉर्मूले पर पढ़ाई न करे।

साथ ही, घंटों के हिसाब से नहीं, बल्कि जितनी देर ध्यान और लगन से पढ़ सकें, उतना ही पढ़ें तथा अपना टाइमटेबल अपने हिसाब से बनाएँ। वह कहती हैं, मैं महिलाओं को मजबूत करने और शिक्षा के क्षेत्र पर काम करना चाहती हूँ, बाकी जिस सेक्टर में भी मुझे काम करने का मौका मिलेगा, वहाँ बेहतर काम करूँगी।

आईएएस/आईपीएस की तैयारी की वैज्ञानिकता को कैसे समझें?

दोस्तो, यूपीएससी की तैयारी अपने आप में एक मजेदार सफर है। और इस सफर का आनंद वही ले सकता है जो पूरी तरह डूब कर इसकी तैयारी करता है। हालाँकि सफलता और असफलता की तो कोई गारंटी नहीं होती, लेकिन एक बात तय है कि ढंग से एनालिसिस किए बिना इस परीक्षा में सफलता हासिल नहीं की जा सकती और अगर किसी ने इस परीक्षा का सही विश्लेषण कर लिया, यानी इस परीक्षा के साइंस को समझ लिया, तो उसका यह सफर अन्य विद्यार्थियों के मुकाबले आसान जरूर हो जाता है। आइए जानते हैं यूपीएससी क्लियर करने की साइंटिफिक अप्रोच।

यूपीएससी की तैयारी कैसे करें? क्या पढ़ना चाहिए, क्या नहीं पढ़ना चाहिए? किन टॉपिक्स पर विशेष ध्यान देने की जरूरत या किन टॉपिक्स से प्रश्न किस तरह से फ्रेम किए जाते हैं? यह कुछ ऐसे सवाल हैं जो विद्यार्थियों को अकसर परेशान करते हैं। लेकिन जो विद्यार्थी वैज्ञानिक दृष्टिकोण के साथ इस परीक्षा की तैयारी करते हैं, उनके सफल होने की संभावना बढ़ जाती है।

जब हम किसी सिचुएशन के हर पहलू को समझ कर, उसके नियमों को जानकर और फिर उन्हीं नियमों के आधार पर अपनी तैयारी करते हैं, तो उसे वैज्ञानिक दृष्टिकोण कहा जाता है। अब हो सकता है कि आप यह सोच रहे हों कि यूपीएससी में वैज्ञानिक दृष्टिकोण कैसे अप्लाई किया जा सकता है, क्योंकि इसके विषय तो मुख्य रूप से मानवता से संबंधित होते हैं। लेकिन

दोस्तो, आप मानवता के विषयों पर भी वैज्ञानिक दृष्टिकोण अप्लाई कर सकते हैं और यकीन मानिए एक बार आप ऐसा करने लगते हैं, तो आपको इन विषयों को समझने में आसानी तो होगी ही, साथ ही आपको फैक्ट्स रटने की भी जरूरत नहीं पड़ेगी।

उदाहरण के लिए, पॉलिटी को ले लें, पॉलिटी पढ़ते समय अगर हम इस बात का ध्यान रखें कि वह टॉपिक्स किस तरह हमारे जीवन या समाज से जुड़े हुए हैं, और उसके संबंध को समझने की कोशिश करें, तो वह टॉपिक हमें आसानी से समझ भी आएगा और लंबे समय तक याद भी रहेगा। मान लीजिए कि आप मौलिक अधिकारों के बारे में पढ़ रहे हैं, तो पढ़ते समय यह ध्यान में रखें कि किसी अधिकार का एक व्यक्ति और एक समाज पर क्या प्रभाव पड़ता है या फिर यह समझने की कोशिश करना कि यदि वो मौलिक अधिकार ना हो, तो हमारा समाज कैसा होगा?

इसी तरह यदि इतिहास को देखें, तो इतिहास पढ़ते समय हमेशा उसे आज के कॉन्सेप्ट से जोड़कर देखने की कोशिश की जानी चाहिए। पढ़ते समय यह समझने की कोशिश कीजिए कि उस समय के समाज से, आज के समाज में कोई परिवर्तन आने के पीछे क्या कारण रहे होंगे। उदाहरण के लिए, जब हम वैदिक इतिहास पढ़ते हैं तो पता चलता है कि उस समय महिलाओं को काफी सम्मानजनक स्थान और प्रतिष्ठा प्राप्त थी, लेकिन धीरे–धीरे उनकी स्थिति में गिरावट आती गई और मध्यकालीन युग के अंत तक उनकी स्थिति काफी दयनीय हो चुकी थी। इस तरह, पढ़ते समय उन कारणों पर फोकस कीजिए जो इस परिवर्तन के लिए जिम्मेदार हो सकते हैं।

अगर ज्योग्राफी की बात करें, तो यह विषय तो पहले से ही काफी वैज्ञानिक माना जाता है। अगर आप इसके फैक्ट्स को रटने की जगह, उन्हें कॉन्सेप्चुअली समझने की कोशिश करेंगे, तो आपको पता चलेगा कि यह विषय बहुत ही सरल है। साथ ही इसमें गलती होने की संभावना भी ना के बराबर हो जाएगी।

दोस्तो, यूपीएससी में एक विषय है पर्यावरण, जो कई विद्यार्थियों को परेशान करता है, क्योंकि इसके लिए कोई विश्वसनीय किताब हमें नहीं मिलती है। लेकिन अगर आप ज्योग्राफी को वर्तमान घटनाओं के साथ मिलाकर पढ़ेंगे, तो आप इस विषय की तैयारी आसानी से कर सकते हैं।

दोस्तो, यूपीएससी का पाठ्यक्रम भले ही बिखरा हुआ प्रतीत होता हो, लेकिन जब आप इसकी गहराई में जाकर अध्ययन करेंगे, तो आपको पता चलेगा कि इसके भी कुछ नियम हैं, जिनके आधार पर प्रश्न तैयार किए जाते हैं और जब आप उन नियमों को समझ लेंगे, तो मुश्किल समझे जाने वाले विषयों की तैयारी भी आपके लिए आसान हो जाएगी।

आईएएस/आईपीएस परीक्षा का सबसे कठिन चरण क्या होता है– प्रारंभिक परीक्षा, मुख्य परीक्षा या इंटरव्यू?

यूपीएससी सिविल सेवा परीक्षा को देश ही नहीं बल्कि पूरे दुनिया की सबसे कठिन परीक्षाओं में से एक माना जाता है। दरअसल इस परीक्षा का पाठ्यक्रम इतना विशाल और पैटर्न इतना कठिन है कि इसे दुनिया की दूसरे स्तर की कठिन परीक्षा माना जाता है। यह तो आपको मालूम ही है कि यूपीएससी की परीक्षा तीन चरणों में आयोजित की जाती है। लेकिन इन चरणों में सबसे कठिन चरण कौन–सा है, उसके बारे में जानते हैं।

लोग अलग–अलग कारणों से इसे सबसे कठिन परीक्षा मानते हैं। कुछ लोगों के लिए यह इसलिए कठिन है, क्योंकि इसमें सफलता का प्रतिशत बहुत ही कम है। वहीं कुछ इसके विषय की विशालता और बृहदता के कारण इसे सबसे कठिन परीक्षा मानते हैं, जबकि कुछ ऐसे भी हैं, जो इसके पैटर्न के कारण इसे कठिन समझते हैं।

जहाँ तक इसके अलग–अलग चरणों का प्रश्न है, हर व्यक्ति अपने हिसाब से उन्हें कठिनता की सूची में अलग–अलग अंक देता है। ऐसे में, तीनों चरणों के बारे में अलग–अलग बात करना सही होगा, ताकि आपको हर चरण के बारे में पूरी जानकारी मिल सके।

परीक्षा का पहला चरण प्रारंभिक परीक्षा है। यह वस्तुनिष्ठ प्रकार की परीक्षा होती है जिसमें 2 घंटे में अधिकतम 100 सवालों के जवाब देने होते हैं। यह चरण अपने बहुविकल्पीय पैटर्न के कारण कठिन माना जाता है। कई बार विकल्पों को देखकर मन में संदेह पैदा हो जाता है और जवाब गलत हो जाता है। वहीं कम समय में ज्यादा–से–ज्यादा सवालों के सही जवाब देने का प्रेशर भी अभ्यर्थियों से गलतियाँ करवा देता है। इसके अलावा, पहला चरण होने के कारण इसमें कॉम्पिटिशन भी बहुत ज्यादा होता है (लगभग 10–12 लाख लोगों में से सिर्फ 15000 लोग ही इस चरण में सफल हो पाते हैं।)

दूसरा चरण मुख्य परीक्षा है। अधिकांश लोग इस चरण को ही सबसे कठिन मानते हैं, क्योंकि इसमें आपको अपने सभी जवाब लिखने होते हैं और लगभग हर सवाल किसी मुद्दे पर आपकी राय जानने के लिए पूछा जाता है। मतलब, इस चरण में आपको अपनी राय रखनी पड़ती है जो सुनने में तो बहुत आसान लगता है, स्पष्टीकरण में उतना ही मुश्किल होता है। इसके अलावा इस चरण में कई विषयों की परीक्षा होती है जो सात दिनों तक चलती है। यह पैटर्न अभ्यर्थियों के लिए काफी थका देने वाला होता है। अंत तक ऊर्जा बनाए रखना मुश्किल हो जाता है। इसके अलावा इसमें सीरियस कैंडिडेट्स का कॉम्पिटिशन होता है, और 15000 में से सिर्फ ढाई–तीन हजार लोगों को ही सफलता मिलती है।

तीसरा चरण इंटरव्यू का होता है, जो बहुत कठिन होता है, क्योंकि इसमें कोई निश्चित पाठ्यक्रम नहीं होता। इंटरव्यू पैनल आपसे किसी भी मुद्दे पर सवाल पूछ सकता है और आपको यह भी पता नहीं चलता कि आपके जवाब का सामने वाले पर क्या प्रभाव पड़ा है। जहाँ तक इस चरण के कॉम्पिटिशन का सवाल है, तो वह तीनों चरणों में सबसे कठिन होता है। ऐसा इसलिए, क्योंकि 10–12 लाख लोगों की भीड़ में से चुने गए बौद्धिक रूप से श्रेष्ठ ढाई–तीन हजार लोग आपस में 1000 से भी कम सीटों के लिए कॉम्पिटिशन करते हैं।

इस प्रकार, आईएएस/आईपीएस परीक्षा के तीनों चरण में कौन–सा चरण सबसे कठिन है, यह डिसाइड करना तो निश्चित रूप से मुश्किल है। लेकिन एक बात जो तय है वह यह है कि इन तीनों चरणों को यदि साथ मिला दिया जाए, तो परीक्षा जरूर कठिनतम हो जाती है।

यूपीएससीः प्रारंभिक और मुख्य परीक्षा की तैयारी एक साथ या अलग–अलग

आईएएस/आईपीएस की तैयारी करने वाले अभ्यर्थियों के मन में अनेक प्रकार की दुविधाएँ होती हैं। इनमें से सबसे बड़ी दुविधा यह होती है कि प्रारंभिक और मुख्य परीक्षा की तैयारी एक साथ करनी चाहिए या अलग–अलग। असल में यूपीएससी का पाठ्यक्रम इतना विशाल है कि अभ्यर्थियों और खासकर तैयारी की शुरुआत करने वाले लोगों को यह समझ नहीं आता कि किस चरण की तैयारी पहले करनी चाहिए और किसकी बाद में।

आईएएस/आईपीएस की तैयारी किस चरण से शुरू करनी चाहिए, इस पर अलग–अलग लोगों की अलग–अलग राय है। कोई मुख्य परीक्षा की तैयारी पहले करने को कहता है, तो कोई प्रारंभिक परीक्षा की तैयारी से शुरुआत करने की सलाह देता है। दोनों ही पक्षों की वकालत करने वालों की अपनी–अपनी दलीलें भी होती हैं। लेकिन अगर आप आईएएस/आईपीएस के पूरे पाठ्यक्रम को ठीक तरह से देखें, तो समझ आता है कि इन दोनों चरणों की तैयारी एक साथ करनी चाहिए।

दरअसल, प्रारंभिक और मुख्य परीक्षा के पाठ्यक्रम में बहुत ज्यादा फर्क नहीं होता। इसलिए पढ़ाई करते समय तो आप एक साथ दोनों का पाठ्यक्रम पूरा कर सकते हैं। लेकिन चूँकि इन दोनों परीक्षाओं का पैटर्न एक–दूसरे से बिलकुल अलग है इसलिए पढ़ते समय थोड़ी सावधानी बरतने की जरूरत है।

जैसा कि आप जानते हैं, प्रारंभिक परीक्षा का पेपर वस्तुनिष्ठ प्रकार का होता है। इसमें आपको एक सवाल के साथ चार विकल्प दिए जाते हैं,

जिनमें से आपको सही विकल्प चुनना होता है। हर सही सवाल के लिए दो अंक दिए जाते हैं और हर गलत जवाब के बदले 0.33 अंक काट लिए जाते हैं। अंकों के कटने का यह नियम इस परीक्षा को और भी कठिन बना देता है। परीक्षा के इस चरण का उद्देश्य अगंभीर अभ्यर्थियों को प्रतियोगिता से बाहर करना है। इसके अलावा उम्मीदवारों की पढ़कर समझने की क्षमता को आँकना भी इस परीक्षा का उद्देश्य होता है। प्रारंभिक परीक्षा के स्तर पर आपकी सूचना, समझ और सटीकता का परीक्षण होता है। हर सवाल का जवाब आपके सामने होता है, आपको सिर्फ एक निश्चित समय के अंदर ढूँढकर उसे मार्क करना होता है।

इसी प्रकार, मुख्य परीक्षा का उद्देश्य आपके पॉइंट ऑफ व्यू और आपकी नॉलेज को टेस्ट करना होता है। इसके अलावा इस चरण में इस बात की परीक्षा भी होती है कि आप अपनी नॉलेज को कितने बेहतर तरीके से कागज पर उतार सकते हैं। कुल मिलाकर इस परीक्षा में आपकी नॉलेज और राइटिंग एंड प्रेजेंटेशन स्किल्स की परीक्षा होती है।

अब जहाँ तक दोनों चरणों की तैयारी का सवाल है, तो पाठ्यक्रम एक जैसा होने के कारण आप दोनों चरणों के लिए एक साथ सेल्फ स्टडी कर सकते हैं। शुरुआत बेसिक से करें, फिर धीरे–धीरे अपनी नॉलेज को बढ़ाने के लिए पढ़ाई करें। पढ़ते समय हर शब्द पर फोकस करें और हर मुद्दे पर अपना एक पॉइंट ऑफ व्यू डेवलप करने की कोशिश करें। इस प्रकार आप दोनों चरणों की तैयारी के लिए नॉलेज और इन्फॉर्मेशन एक साथ प्राप्त कर सकते हैं।

लेकिन, दोनों चरणों में काफी अंतर है और वह आंसर राइटिंग प्रैक्टिस में स्पष्ट झलकता है। मगर आप इनकी तैयारी साथ–साथ कर सकते हैं। आप चाहें, तो हफ्ते के अलग–अलग दिन में अलग–अलग चरणों की तैयारी कर सकते हैं।

लेकिन, जैसे ही प्रारंभिक परीक्षा की डेट नजदीक आ जाए, तो आपको मुख्य परीक्षा की आन्सर राइटिंग प्रैक्टिस को छोड़ कर सारा ध्यान प्रारंभिक परीक्षा पर ही लगाना चाहिए। दरअसल, प्रारंभिक परीक्षा के लिए आप चाहे कितना भी पढ़ लें, लेकिन इसका पैटर्न कुछ ऐसा है कि यदि इसका मॉक प्रिपरेशन न की जाए, तो परीक्षा में मुश्किल होना तय है।

यूपीएससी (आईएएस/आईपीएस) की तैयारी में पढ़े जानेवाले विषय

दोस्तो, आईएएस/आईपीएस को भारत की सबसे कठिन परीक्षा ऐसे ही नहीं कहा जाता, परीक्षा का पाठ्यक्रम इतना विस्तृत है कि इसे पूरा करने के लिए आपको बहुत ज्यादा समय देने और फोकस की जरूरत पड़ती है। आईएएस/आईपीएस की तैयारी करने वाले मानते हैं कि इसमें सूरज के नीचे आने वाली हर चीज के बारे में पूछा जा सकता है। कहने का मतलब यही है कि परीक्षा की तैयारी में आपको बहुत से अलग–अलग क्षेत्रों की नॉलेज रखनी पड़ती है। परीक्षा में किसी भी क्षेत्र से प्रश्न पूछे जा सकते हैं। जैसे कि सामान्य ज्ञान और समसामयिकी के अंतर्गत हर क्षेत्र के सवाल आ जाते हैं और आपको इसी के अनुसार तैयारी भी करनी होती है।

भले ही विस्तृत हो, पर आईएएस/आईपीएस परीक्षा का भी अपना एक निर्धारित पाठ्यक्रम है, जिसके अंतर्गत पढ़े जाने वाले विषयों और उनके अंदर आने वाले टॉपिक्स की सूची होती है और परीक्षा के सवाल भी इन्हीं टॉपिक्स के भीतर से पूछे जाते हैं। तो आइए जानते हैं वे कौन–से सब्जेक्ट्स है जिनसे यूपीएससी में सवाल पूछे जाते हैं।

सामान्य विज्ञान–इस विषय के अंतर्गत मुख्यतः सामान्य विज्ञान और सामान्य ज्ञान दोनों आते हैं। इसमें विज्ञान के सभी क्षेत्रों से प्रश्न पूछे जाते हैं, इसलिए इसकी शुरुआत से ही अच्छे से पढ़ाई करनी चाहिए। यह एक बहुत महत्त्वपूर्ण विषय है, क्योंकि इसके अंतर्गत बहुत–से क्षेत्रों के प्रश्न आते हैं। भौतिक, रसायन, जीव विज्ञान और इसके अलावा विज्ञान के दूसरे विषय और साथ ही इसमें गणित आदि के भी सामान्य प्रश्न रहते हैं।

भारत और भारतीय राष्ट्रीय आंदोलन का इतिहास– इतिहास तो यूपीएससी के मुख्य विषयों में है। इसके अंदर आपको भारत का इतिहास और भारत में होने वाले इतिहास के प्रमुख आंदोलनों के बारे में पढ़ना होता है। हमारे देश का इतिहास काफी विस्तृत और रोचक है। इतिहास की बहुत सारी ऐसी घटनाएँ या कहें आंदोलन हैं, जिनके बिना आज के

भारत को समझना संभव नहीं है। किस प्रकार आंदोलनों ने भारत के इतिहास में महत्त्वपूर्ण भूमिका निभाई है, आंदोलन कब और किनके द्वारा किए गए, उनका उद्देश्य और भारत के इतिहास के बारे में और भी कई सारी चीजें आप इस विषय में पढ़ते हैं। समय के साथ भारत का इतिहास किस तरह बदला है, किन लोगों ने क्या भूमिका निभाई, आदि के बारे में भी प्रश्न पूछे जाते हैं। इस विषय की तैयारी आपको सर्वश्रेष्ठ किताबों से करनी चाहिए।

राष्ट्रीय और अंतरराष्ट्रीय महत्त्व की वर्तमान घटनाएँ– समसामयिकी भी यूपीएससी के मुख्य विषयों में आता है। यदि आपको यूपीएससी की परीक्षा पास करनी है, तो आपको हर क्षेत्र की वर्तमान घटनाओं के बारे में सही–सही जानकारी रखनी जरूरी होती है। सिर्फ हमारे देश की ही नहीं, बल्कि विदेश की भी सभी जरूरी वर्तमान घटनाओं का आपको पता होना चाहिए। लिखित परीक्षा के साथ–साथ इंटरव्यू में भी इस विषय की बहुत ही महत्त्वपूर्ण भूमिका होती है। हाल–फिलहाल घटने वाली ऐसी घटनाएँ, जो राष्ट्रीय या अंतरराष्ट्रीय महत्त्व की हों, वे सभी समसामयिक विषय के अंतर्गत आती हैं। समसामयिक घटनाओं की संपूर्ण जानकारी रखने के लिए आपको नियमित रूप से समाचार–पत्र और उसके साथ विशेष तौर पर इसके लिए आने वाली मैग्जींस पढ़ते रहने चाहिए।

भारत और विश्व का भूगोल–इतिहास के साथ–साथ भारत और विश्व का भूगोल भी यूपीएससी के प्रमुख विषयों में एक है, जिसमें आप से भारत की भौगोलिक संरचना तथा भारत के भूगोल से संबंधित प्रश्न पूछे जाते हैं। जैसे–भारत में कितनी नदियाँ हैं? कौन–सी नदी किस–किस राज्य से होकर गुजरती है आदि। भारत के वर्षा वनों, स्थल आकृतियों आदि के बारे में प्रश्न पूछे जाते हैं। इसके साथ ही भारत के मौसम, जलवायु आदि से संबंधित प्रश्न भी भूगोल के अंतर्गत आते हैं।

सतत विकास, गरीबी, समावेशन, जनसांख्यिकी, सामाजिक क्षेत्र में की गई पहल आदि से संबंधित प्रश्न भी भूगोल के अंतर्गत आते हैं। इस विषय के अंतर्गत देश की आर्थिक स्थिति और अर्थव्यवस्था के बारे में भी पढ़ा जाता है। देश में किस प्रकार सोशल डेवलपमेंट हो रहा है और किस

तरह होना चाहिए? सस्टेनेबल डेवलपमेंट किसे कहते हैं? किस तरह से सस्टेनेबल डेवलपमेंट किया जा सकता है आदि टॉपिक भी इस विषय के अंदर पढ़ने होते हैं।

भारतीय राजनीति और शासन–संविधान, राजनीतिक व्यवस्था पंचायती राज, आधिकारिक मुद्दे सार्वजनिक नीति–चूँकि यूपीएससी परीक्षा में प्रशासनिक सेवा यानी भारतीय संविधान और सामाजिक न्याय एवं कानून से संबंधित कार्य होते हैं। इसलिए इस परीक्षा के लिए आपको भारत की राजनीति, भारतीय संविधान, सामाजिक न्याय, अंतरराष्ट्रीय कानून और संबंधों के विषय में भी पढ़ना होता है। देश के संविधान में किस काम के लिए कौन–सा कानून है, यह जानना भी जरूरी है, ताकि आपको देश के संविधान और कानून की सही जानकारी हो सके और अधिकारी के रूप में आप इन नियमों का पालन अच्छे से कर सकें।

पर्यावरण पारिस्थितिकी, जैव विविधता और जलवायु परिवर्तन संबंधी सामान्य मुद्दे–यह भी आईएएस/आईपीएस परीक्षा का एक जरूरी विषय है जिसमें हमारे देश में पाए जाने वाले विभिन्न प्रकार के जानवरों तथा पेड़ों के बारे में यानी हमारे देश की जैव विविधता से संबंधित प्रश्न पूछे जाते हैं। इस विषय के अंतर्गत देश में आने वाली प्राकृतिक आपदाओं के बारे में तथा उन आपदाओं से बचाव एवं सुरक्षा प्रबंधन के बारे में पढ़ाया जाता है।

आईएएस/आईपीएस परीक्षा और मानसिक स्वास्थ्य

इस परीक्षा में लाखों छात्र अपनी किस्मत आजमाते हैं। उनमें से कुछ को सफलता मिलती है, जबकि बाकियों को अगले वर्ष फिर से तैयारी करने की सीख। परीक्षा के दबाव के बीच ज्यादातर छात्र असफलता को भुलाकर आगे बढ़ने की कोशिश करते हैं, तो वहीं कुछ छात्र ऐसे होते हैं जो डिप्रेशन में चले जाते हैं और आत्महत्या जैसे कदम भी उठा लेते हैं।

यदि आपने आईएएस/आईपीएस बनने का फैसला कर ही लिया है, तो देश के इस सबसे बड़े और कठिन दंगल में आपका स्वागत है, साथ ही ईश्वर से आपके लिए प्रार्थना भी है कि वह लंबे समय तक आपके धैर्य, आत्मविश्वास और जोश को बनाए रखे, क्योंकि ये बातें बहुत जरूरी हैं।

परीक्षा की तैयारी के दौरान छात्रों को अपने मानसिक स्वास्थ्य का ध्यान रखने की आवश्यकता पड़ती है। लगभग सभी छात्रों के मन में नकारात्मक विचार आते हैं, जिन्हें कई बार सँभालना छात्रों के लिए मुश्किल हो जाता है। अपने मानसिक स्वास्थ्य को सही रखने के लिए आप इन स्टेप्स को फॉलो कर सकते हैं–

- अपनी पढ़ाई के लिए छात्रों को एक ऐसा शेड्यूल (समय सारिणी) बनाना चाहिए, जो उनके शरीर और दिमाग को बेहतर तरीके से काम करने में मदद करे। पढ़ाई करते समय बीच–बीच में कुछ मिनट का ब्रेक लेकर अपने आपको तरोताजा करें और फिर से पढ़ाई शुरू करें। साथ ही प्रतिदिन सोने के सही समय का पालन करें, क्योंकि पूरी नींद बहुत जरूरी है।
- ज्यादातर छात्र पढ़ाई में काफी समय लगाते हैं, जिसके परिणामस्वरूप शारीरिक गतिविधि बेहद कम होती है। इससे शरीर सुस्त हो जाता है तथा मन में भी नकारात्मक विचार आने लगते हैं। इसलिए जरूरी है कि पढ़ाई के साथ करीब एक घंटे का समय एक्सरसाइज के लिए जरूर निकालें।
- योग व मेडिटेशन भी छात्रों को पढ़ाई में ध्यान लगाने, मानसिक शांति, मजबूती व नेगेटिविटी को कम करने में काफी मदद करता है। अगर आप प्रतिदिन 15 मिनट योग के द्वारा अपने मन व मस्तिष्क को नियंत्रित कर सकने की क्षमता हासिल कर लेते हैं, तो यह आपको पढ़ाई में काफी फायदा पहुँचाएगा। एक ऐसा ग्रुप बनाएँ, जिसमें सभी एक–दूसरे को मोटिवेट करें। परीक्षाओं में पढ़ाई पर फोकस करने के लिए नियमित व्यायाम जरूरी है।
- छात्र अपनी सहायता के लिए टेक्नोलॉजी का भी उपयोग कर सकते हैं। ऐसे कई ऐप उपलब्ध हैं जो हेल्थ को विकसित करने में मदद करते हैं, जैसे– उचित नींद की दिनचर्या, बेहतर खाने की आदतें जैसे–दूध, मौसमी फल और सब्जियाँ, बादाम, अखरोट, किशमिश, अंकुरित अनाज

आदि का सेवन करें और खूब पानी पिएँ। अपना आत्मविश्वास बनाए रखें और इस बात से खुश और धन्य महसूस करें कि ईश्वर की कृपा से आपको अध्ययन करने, सीखने, परीक्षाओं का सामना करने, खुद को साबित करने और सफलता प्राप्त करने का अवसर मिला है।

- परीक्षा की तैयारी के दौरान कई बार छात्रों का मन प्रदर्शन तथा परिणाम को लेकर परेशान हो जाता है। इससे बचने के लिए बहुत ज्यादा दबाव न लें, बल्कि संगीत व कला जैसी चीजों से जुड़ें। इससे आप पॉजिटिव बने रहेंगे। ऐसे छात्रों के माता–पिता को भी चाहिए कि पढ़ाई को लेकर उन पर अतिरिक्त दबाव न बढ़ाएँ, क्योंकि आजकल बच्चों को पता होता है कि अच्छे प्रदर्शन और करियर के लिए उन्हें क्या करना है।
- मानसिक मजबूती का जादू केवल आईएएस/आईपीएस की तैयारी में ही काम नहीं करता, बल्कि जिंदगी के हर क्षेत्र में काम करता है। जहाँ उद्देश्य बड़ा एवं कठिन होता है, वहाँ तो उसकी बहुत ज्यादा जरूरत पड़ती है, लगभग अनिवार्य ही समझो, जाहिर है कि आईएएस/आईपीएस बनने का लक्ष्य एक बड़ा और कठिन उद्देश्य है।

आईएएस/आईपीएस परीक्षा की तैयारी के फायदे

हर वर्ष लगभग दस लाख लोग यूपीएससी की सिविल सेवा परीक्षा में अपनी किस्मत आजमाते हैं। या यूँ कहें कि उनमें से कुछ अपनी मेहनत और व्यक्तित्व को इस कसौटी पर परखते हैं। हालाँकि इन कुछ में से भी बहुत थोड़े ऐसे होते हैं, जो परीक्षा में सफल हो पाते हैं। मगर क्या आपने कभी सोचा है कि जो लोग तैयारी तो पूरी ईमानदारी से करते हैं, लेकिन किन्हीं कारणों से इसमें सफल नहीं हो पाते। क्या जीवन में आगे बढ़ने के रास्ते उनके लिए बंद हो जाते हैं? क्या वे अपने जीवन के महत्त्वपूर्ण वर्ष तैयारी में लगा देने के बाद खाली हाथ रह जाते हैं?

आईएएस/आईपीएस बनने के लिए बहुत मेहनत करनी पड़ती है, ढेर सारी किताबें पढ़नी पड़ती है और न जाने कितने टॉपिक्स को गहराई से समझना पड़ता

है। इतनी मेहनत और इतना समय लगाने के बाद अगर आप सफल नहीं होते, तो सारी मेहनत का कोई फायदा नहीं होता। अगर आप फिर से तैयारी करना चाहें, तो आपको फिर से शून्य से शुरू करना पड़ता है और यदि आप तैयारी छोड़ कर किसी और नौकरी के लिए प्रयास करना चाहते हैं, तो भी आपको शून्य से ही शुरू करना पड़ता है। यह सब सुनकर हो सकता है आपको लगे कि यदि यूपीएससी क्वालीफाई नहीं कर सके, तो आपको आगे की जिंदगी में कोई फायदा नहीं मिलता। लेकिन यह पूरा सच नहीं है। अगर आप यूपीएससी की तैयारी पूरी ईमानदारी और लगन से करते हैं, तो आपको कुछ ऐसी चीजें अवश्य मिलती हैं, जो जीवन की अन्य प्रतिस्पर्धाओं में आपको एडवांटेज देती हैं। इन्हीं चीजों में से कुछ इस प्रकार हैं –

1. **आत्मविश्वास**–आईएएस/आईपीएस की तैयारी में आप बहुत कुछ पढ़ते हैं, जिससे ज्ञान बढ़ता है और ज्ञान बढ़ने से आत्मविश्वास स्वतः ही आ जाता है।
2. **सामान्य जीवन में आपका प्रदर्शन**–परीक्षा की तैयारी के समय आपको बहुत–सी नई–नई बातें पता लगती हैं, जो आपके जीवन से जुड़ी हुई होती हैं। इससे आपका प्रदर्शन सामान्य जीवन में भी अच्छा हो जाता है।
3. **जिम्मेदार नागरिक**–जब आप अपने अधिकारों, कर्त्तव्यों, नियमों, अधिनियमों के बारे में पढ़ते हैं, तो आप उनका पालन करने का प्रयास करते हैं, क्योंकि पद मिलने के बाद एक आईएएस को ही ये नीतियाँ बनानी होती हैं।
4. **सभी क्षेत्रों का ज्ञान**–जैसा कि सर्वविदित है कि आईएएस/आईपीएस का पाठ्यक्रम अत्यंत विस्तृत होता है, तो आपको अलग–अलग क्षेत्रों की बहुत–सी चीजें पढ़नी होती हैं, इससे आप किसी भी मुद्दे पर बेबाकी से अपने विचार रख सकते हैं या संबंधित मुद्दे पर अच्छी सामूहिक चर्चा कर सकते हैं।
5. **अन्य कार्यक्षेत्र में प्रदर्शन**–आईएएस/आईपीएस की तैयारी करने के बाद दुर्भाग्यवश अगर आपका चयन नहीं भी होता है, तो जहाँ

भी आप कार्य कर रहे हैं, काम को एक अलग अंदाज से कर सामान्य लोगों से बेहतर प्रदर्शन कर सकते हैं।

6. **अन्य व्यवसाय**–इसके अतिरिक्त आपको इतना ज्ञान हो चुका होता है कि आप पत्रकार, लेखक, शिक्षक (गाइड), सामाजिक कार्यकर्ता, किसी भी क्षेत्र में अपना करियर बना सकते हैं।

पिछले लगभग 15–20 वर्षों से प्रतियोगी परीक्षाओं का एक अन्य परिदृश्य देखने को मिल रहा है–आईएएस की तर्ज पर ही प्रत्येक राज्य अपने यहाँ की सिविल सेवा परीक्षाएँ आयोजित करता है। इसके अंतर्गत डिप्टी कलेक्टर, डिप्टी पुलिस अधीक्षक तथा अन्य अधिकारियों की नियुक्ति होती है। एक अद्भुत बात यह देखने को मिली कि राज्य की इन सेवाओं में 80 से 85 प्रतिशत सफल विद्यार्थी वे होते हैं, जिन्होंने इससे पहले आईएएस/आईपीएस की परीक्षा की तैयारी की हुई होती है। यानी कि वे तैयारी तो आईएएस/आईपीएस की कर रहे होते हैं, लेकिन राज्य की परीक्षाओं में भी शामिल होते हैं। वहाँ सफल नहीं हो पाते, तो यहाँ सफल हो जाते हैं। दरअसल, यूपीएससी एक ऐसी समग्र परीक्षा है, जिसके नीचे न जाने कितनी ही अन्य प्रतियोगी परीक्षाओं की तैयारी समा जाती है। जरूरत बस इस बात की है कि आप इस समग्रता के साथ अपनी पूरी क्षमता से बँध जाएँ। आपने वो कहावत तो सुनी ही होगी कि–

कोई भी कोशिश कभी नाकाम यूँ जाती नहीं,
मंजिलें न भी मिलीं तो, फासले घट जाएँगे।

घट जाने वाला यह फासला, किस मंजिल का फासला है? यदि आप इस उत्तर की खोज करें, तो अंततः इस नतीजे पर पहुँच सकते हैं कि 'मेरी आईएएस की तैयारी बेकार नहीं जाएगी, यदि मैं इसे बेकार नहीं जाने दूँ, तो'।

❑❑❑

2

परीक्षा की तैयारी की प्रक्रिया

देश की सर्वोच्च परीक्षाओं में से एक 'सिविल सेवा परीक्षा' को लेकर छात्रों में हमेशा कौतूहल की स्थिति बनी रहती है। वर्तमान में युवा पीढ़ी अपने रोजगार और करियर के लिए काफी आशंकित है। आज के समय में समाज का हर युवा चाहता है कि उसे अच्छी–से–अच्छी नौकरी मिल जाए, ताकि वह अपना जीवन सपरिवार खुशी से व्यतीत कर सके। इसलिए आज का युवा सिविल सेवा के क्षेत्र में करियर बनाने हेतु जी–जान से जुटा है।

ब्रिटिश काल से संबंधित आईसीएस सेवाओं में जो आकर्षण, उस काल में था, उसमें आज भी कोई कमी नहीं आई है। भारतीय प्रशासनिक व्यवस्था की रीढ़ है सिविल सेवा। देश में नीतियों का निर्माण और उनके कार्यान्वयन की बागडोर मुख्यतः सिविल सेवकों के हाथों में होती है। यही कारण है कि भारत जैसे विकासशील देश में सिविल सेवकों का महत्त्व एवं सामाजिक पहचान विशेष तौर पर बढ़ गई है।

आईएएस/आईपीएस की तैयारी का पहला कदम

हजार मील की यात्रा की शुरुआत भी एक कदम से होती है। अकसर आगे बढ़ने से पहले ही हम डर जाते हैं और रास्ते की कठिनाइयों को देखकर अपने कदम पीछे खींच लेते हैं। लेकिन जो लोग रास्ते की बजाय, अपनी मंजिल को महत्त्व देते हैं और अपने प्रयासों पर ध्यान केंद्रित रखते हैं, जीत अंततः उन्हीं की होती है।

आईएएस/आईपीएस की परीक्षा कठिन नहीं होती, बल्कि आदमी के इरादे कमजोर होते हैं। पहली बात तो यह है कि आईएएस/आईपीएस की तैयारी के प्रति सभी लोग गंभीर नहीं होते। बस चूँकि दूसरे कर रहे हैं, इसलिए हमें भी करना है, इस तरह की भावना ज्यादा हावी रहती है। यदि आप भी इसी कारण से आईएएस/आईपीएस की तैयारी कर रहे हैं, तो आपको अभी इससे निकल जाना चाहिए और अपने मनपसंद क्षेत्र में करियर बनाना चाहिए। लेकिन यदि आप आईएएस/आईपीएस को लेकर वाकई गंभीर हैं, तो अपने मन से हर प्रकार के डर को निकाल फेंकिए और यूपीएससी की तरफ अपना पहला कदम बढ़ा दीजिए।

यदि आप शीर्ष तक पहुँचना चाहते हैं, तो आपको चढ़ाई करनी होगी और ध्यान रहे कि चोटी पर चढ़ना कोई आसान काम नहीं है, क्योंकि जैसे–जैसे आप ऊपर जाते हैं, तो यह और भी मुश्किल होता जाता है। आपको खुद को एक उच्च व्यक्तित्व के रूप में ढालना होगा और एक सिविल सेवा छात्र के रूप में आईएएस/आईपीएस बनने के इस मिशन को पूरा करने के लिए आगे बढ़ना होगा।

भय जीवन में आपको कई चीजों से दूर रखता है। यह डर ही है जो आपको सिविल सेवाओं के बारे में सपने देखने से भी रोकता है। वह डर ही है जिसके कारण बहुत से लोग आईएएस/आईपीएस परीक्षा का प्रयास करने के बारे में सोचते तक नहीं हैं। याद रखिए, भय केवल एक मानसिक स्थिति है, जिस पर अचूक तैयारी और कुशल अभ्यास द्वारा विजय प्राप्त की जा सकती है। आईएएस/आईपीएस परीक्षा की तैयारी साहस और उत्साह के साथ करें तथा अपने व्यक्तिगत विकास के लिए भी निरंतर परीक्षण और अभ्यास करें। ध्यान रखिए कि आईएएस/आईपीएस इंटरव्यू में आपका उच्च व्यक्तित्व और आपकी संतुलित विचारधारा ही आपकी सफलता की कुंजी है।

इच्छाशक्ति एक ऐसी जादू की गोली है, जो आपको सफलता की किसी भी ऊँचाई तक ले जा सकती है। आईएएस/आईपीएस बनने के अपने

दृढ़ संकल्प पर टिके रहें और अपने भीतर किसी भी प्रकार का वैचारिक असमंजस या संदेह न रखें। अपने ज्ञान के विकास के लिए अन्य स्रोतों से भी सहायता की आवश्यकता होती है, इसलिए मार्गदर्शन के लिए अपने सीनियर व विशेषज्ञों से दिशा–निर्देश लेते रहें।

स्वयं को नियंत्रित करना आत्म–सुधार की ओर एक बुनियादी कदम है। आप अपने जीवन के मालिक हैं अतः अपनी विफलताओं के लिए परिस्थितियों या दूसरों को दोष देना उचित नहीं है, ये केवल बहाने हैं। यदि एक रिक्शा खींचने वालें का बेटा, रेस्तरां में काम करने वाला वेटर, दृष्टिहीन महिलाएँ, शारीरिक रूप से विकलांग व्यक्ति या फिर शुरुआती स्कूल या कॉलेज में लगातार खराब प्रदर्शन करने वाले छात्र आईएएस ऑफिसर बनने का सपना पूरा कर सकते हैं, तो आप भी कर सकते हैं।

कड़ी मेहनत और समर्पण के बिना कोई भी सफलता पाना संभव नहीं है। सफलता के लिए आपको अपनी सुख–सुविधाओं के क्षेत्र से बाहर निकलना होगा और अपने हित के लिए आवश्यक कदम उठाने होंगे। आपके पास जो कुछ नहीं है, उसके बारे में शिकायत करने के बजाय, आपके पास अभी जो है, उसके लिए सदैव ईश्वर के आभारी रहें। यदि आप मन और शरीर से स्वस्थ हैं, तो आप निश्चित रूप से इस परीक्षा को उत्तीर्ण करने में सक्षम होंगे। आपको केवल सही दृष्टिकोण और आत्मविश्वास की आवश्यकता है, इसलिए हमेशा सकारात्मक और आदर्शवादी रहें।

बीता हुआ समय कभी वापस नहीं आता, अतः इसे व्यर्थ कार्यों में बरबाद न करें। आईएएस परीक्षा में सफलता पाने के लिए समय प्रबंधन की तकनीक सीखकर अपनी उत्पादकता में सुधार करें। जब जीवन में सफल होने की बात आती है, तो अनुशासनपूर्ण जीवन बहुत महत्त्वपूर्ण है और आईएएस की परीक्षा में अनुशासित उम्मीदवार ही सफलता हासिल कर सकते हैं।

यूपीएससी परीक्षा की तैयारी में असली मुकाबला किससे?

आपने सिविल सेवा की तैयारी करने का मन तो बना लिया, इसके लिए तमाम जानकारियाँ भी इकट्ठी कर लीं, मन लगाकर तैयारी भी कर रहे हैं, लेकिन क्या आपने कभी यह सोचा है कि इस परीक्षा में आपका असली कॉम्पिटिशन किन लोगों से है! नहीं, तो आइए हम आपको बताते हैं।

आईएएस/आईपीएस परीक्षा के बारे में एक बात बहुत प्रचलित है, इस लक्ष्य को वही प्राप्त कर पाता है, जो खुद को इसके लिए योग्य बनाए। यह जरूरी नहीं कि वह किसी कोचिंग से तैयारी कर रहा है या फिर खुद से। मतलब तो बस इस बात से है कि वह सिविल सेवक बनने के लायक है या नहीं। अब आप यह सोच रहे होंगे कि आखिर यह कैसे पता चलेगा कि आप आईएएसस/आईपीएस के योग्य हैं भी या नहीं? तो इसके लिए आपको क्वालीफाई करने वाले अभ्यर्थियों की कुछ योग्यताओं को स्टडी करना चाहिए और यदि संभव हो, तो ऐसे अभ्यर्थियों को समझिए, जो गाँवों में रहते हैं। यदि आपने गौर किया हो, तो परीक्षा में ऐसे अभ्यर्थियों की संख्या काफी ज्यादा होती है, जो ग्रामीण पृष्ठभूमि से आते हैं। वे अकसर भीड़ में एक अनजान चेहरा बनकर अपनी तैयारी करते हैं और जब परिणाम आते हैं, तो सबको पता चलता है कि यह व्यक्ति तो इतने दिन तक हमारे बीच में ही था, फिर यह हमें कभी नजर क्यों नहीं आया!

दोस्तो, दरअसल गाँव का जीवन इतनी कठिनाइयों से भरा हुआ है कि वहाँ के छात्र अकसर कुछ ऐसी योग्यताएँ विकसित कर लेते हैं, जो शहर के छात्र नहीं कर पाते हैं। शायद यही कारण है कि आईएएस/आईपीएस क्वालीफाई करने वाले छात्रों में बिहार और उत्तर प्रदेश के गाँवों से आए छात्रों की संख्या अधिक होती है।

ऐसा लगता है कि सिविल सेवा परीक्षा को जानबूझकर विफलता के लिए डिजाइन किया गया है। अधिकांश उम्मीदवार, जिनमें से कई परीक्षा में सफल होते हैं, तीन चरणों की परीक्षा के एक या अधिक चरणों में कई

बार असफल भी होते हैं। एक मजबूत विश्वास और अस्थायी असफलताओं का डटकर सामना करने की क्षमता ही उन लोगों की मदद करती है और अंततः वे सफल होते हैं। जरूरत होती है, तो केवल खुद पर भरोसा रखकर निरंतर तैयारी करने की। इस मामले में गाँव के विद्यार्थी थोड़े दृढ़ निश्चयी होते हैं। उन्हें विफलताओं से डर नहीं लगता, बल्कि वे विफलताओं को सीढ़ी बनाकर लगातार आगे बढ़ते रहते हैं।

एक गंभीर सिविल सेवा उम्मीदवार का सबसे महत्त्वपूर्ण गुण कड़ी मेहनत और समर्पण के साथ काम करने की क्षमता है। सिविल सेवा परीक्षा ऐसी परीक्षाओं में से एक है, जिसे देश के कई प्रमुख संस्थानों के छात्र भी क्वालीफाई करने में अकसर असफल हो जाते हैं। एक अच्छा अकादमिक रिकॉर्ड और उच्च बुद्धि ही आपको इस परीक्षा में दूर तक ले जा सकते हैं और कड़ी मेहनत का तो कोई विकल्प होने की संभावना ही नहीं है। दूसरी ओर, अपेक्षाकृत अनजान कॉलेजों और 'मामूली' शैक्षिक पृष्ठभूमि वाले उम्मीदवार, अकसर इस परीक्षा को उत्तीर्ण कर लेते हैं। परीक्षा, इस सत्य को सिद्ध कर देती है कि 'कड़ी मेहनत, प्रतिभा को हरा सकती है, जब प्रतिभा, कड़ी मेहनत नहीं करती'।

नए अभ्यर्थी कैसे करें आईएएस/आईपीएस की तैयारी?

आईएएस की परीक्षा कई मायनों में बाकी परीक्षाओं से अलग है। इसका पाठ्यक्रम और पैटर्न कुछ ऐसा है कि अच्छे-अच्छे स्टूडेंट्स भी इसके भँवर से निकल नहीं पाते हैं। मगर कुछ ऐसे स्टूडेंट्स भी होते हैं, जो इस परीक्षा की प्रकृति को समझते हुए, इसकी तैयारी करते हैं और सफलता हासिल कर लेते हैं। इस परीक्षा में सफल होने के लिए बहुत जरूरी है कि इसकी तैयारी जितना हो सके, उतनी जल्दी शुरू कर दी जाए। लेकिन तैयारी शुरू कहाँ से करनी चाहिए या तैयारी की स्ट्रेटजी क्या होनी चाहिए? यह जानना भी अत्यंत आवश्यक है।

तैयारी शुरू करने से पहले आपको कुछ जरूरी जानकारी जुटानी चाहिए। जैसे सिविल सर्विसेज एग्जाम क्या होता है, इसके लिए योग्यता

क्या है और कैसा पाठ्यक्रम होता है? बेसिक्स क्लियर होने के बाद आप अच्छे से रणनीति बना सकते हैं। यूपीएससी की प्रारंभिक और मुख्य परीक्षा की तैयारी में फर्क होता है। प्रारंभिक के लिए आपको बहुत सारी जानकारी चाहिए होगी, लेकिन गहराई से नहीं। लेकिन मुख्य परीक्षा के लिए आपको किसी भी टॉपिक की बहुत गहराई तक जानकारी होनी चाहिए।

समय–सारणी बनाएँ–आईएएस/आईपीएस अधिकारी बनने के लिए एक सुव्यवस्थित दैनिक दिनचर्या वाले अधिकारी की तरह होना आवश्यक है। आपको अपनी तैयारी से पहले एक आरामदायक समय–सारणी निर्धारित करनी चाहिए और उसके अनुसार काम करना चाहिए। समय–सारणी बनाने से आपकी तैयारी आसान और अधिक सुव्यवस्थित हो जाएगी, आप बेहतर काम करेंगे और पाठ्यक्रम को तेजी से पूरा भी करेंगे।

सही किताबों का चुनाव–तैयारी के लिए सही किताबों का चुनाव भी बहुत ही जरूरी है। आपको उन किताबों का अध्ययन करना चाहिए, जो सीएस एग्जाम के लिए सुझाई जाएँ। आपको उन किताबों को दो बार पढ़ना चाहिए। पहली बार में तो एक–एक करके सारे चैप्टर पढ़ जाएँ। दूसरी बार में सिर्फ अहम चैप्टरों को पढ़ें। अगर आप प्रारंभिक परीक्षा या मुख्य परीक्षा से पहले इन किताबों का एक बार फिर अध्ययन कर लें, तो काफी अच्छा होगा।

एनसीईआरटी पुस्तकें पढ़ें–राष्ट्रीय शैक्षिक अनुसंधान और प्रशिक्षण परिषद् (एनसीईआरटी) एक स्वतंत्र एजेंसी है, जिसका मिशन भारतीय स्कूली बच्चों को उच्च गुणवत्ता वाली शिक्षा प्रदान करना है। आईएएस/आईपीएस परीक्षा के लिए विभिन्न अध्ययन सामग्री उपलब्ध है, लेकिन इसकी शुरुआत एनसीईआरटी की किताबों से करने की सिफारिश की जाती है, जो सरल शब्दों में अवधारणाओं पर चर्चा करती हैं। प्रासंगिक विषयों के लिए छात्रों को छठी से बारहवीं कक्षा तक की एनसीईआरटी की किताबें पढ़ने की सलाह दी जाती है। चूँकि अकेले एनसीईआरटी ही

आपको आगे नहीं ले जाएगी, इसलिए आपको यह सुनिश्चित करना होगा कि इन पुस्तकों को जल्द–से–जल्द कवर किया जाए। अपनी तैयारी के पहले तीन महीनों के दौरान, उन्हें खत्म करना सबसे अच्छा होगा।

समाचार–पत्र जरूर पढ़ें–यदि आप एक आईएएस/आईपीएस अधिकारी बनना चाहते हैं, तो जान लें कि सीएस की तैयारी के लिए समाचार–पत्र पढ़ना आवश्यक है। दुनिया में क्या हो रहा है, इसके बारे में खुद को अवगत रखें। समसामयिकी और करंट अफेयर्स वास्तव में गतिशील विषय हैं, जिन्हें समाचार–पत्र पढ़कर ज्ञात किया जा सकता है।

एक शेड्यूल बनाएँ और उस पर अमल करें–जब आप घर पर तैयारी शुरू करते हैं, तो इस बात का डर रहता है कि आप आराम को तरजीह देंगे। इसके लिए आपको 10–12 महीने की योजना बना लेनी चाहिए। अपने समय को पेपर 1 और 2 में बाँट लें। प्रारंभिक परीक्षा का पेपर 2 केवल क्वालीफाइंग नेचर का है, इसलिए उस पर बहुत ज्यादा फोकस न करें। इसकी बजाय आपको पेपर 1 यानी जनरल स्टडी पर ज्यादा ध्यान देना चाहिए।

अपनी तैयारी का आकलन करें–आपको बार–बार मॉक टेस्ट देना चाहिए। इससे आपको पता चलेगा कि आपकी तैयारी किस दिशा में जा रही है। उस हिसाब से आप अपनी रणनीति में भी बदलाव कर सकेंगे।

रिवीजन–जब आप आईएएस/आईपीएस जैसी किसी कठिन परीक्षा की तैयारी कर रहे हों, तो रिवीजन बहुत महत्त्वपूर्ण हो जाता है। चूँकि इसका पाठ्यक्रम विशाल और विविध है और इसमें विविध विषयों को शामिल किया गया है, इसलिए चीजों को याद रखना स्वाभाविक नहीं है, जिन्हें आपने पहले पढ़ा था। इससे बचने के लिए समय–समय पर रिवीजन करना बहुत आवश्यक होता है।

आईएएस/आईपीएस यात्रा का सबसे महत्त्वपूर्ण पहलू सकारात्मक बने रहना है। ऐसे कई क्षण आते हैं, जब माहौल काफी तनाव भरा हो सकता है और आप उदास या नर्वस हो सकते हैं। इसलिए नकारात्मक विचारों को अपने दिलोदिमाग से हटा दें और बस अपना काम करते रहें।

किस आयु में शुरू करनी चाहिए आईएएस/आईपीएस की तैयारी?

ऐसे बहुत से अभ्यर्थी हैं जिनके मन में यह दुविधा रहती है कि सिविल सेवा (आईएएस/आईपीएस) परीक्षा की तैयारी शुरू करने के लिए सही आयु और समय क्या है? वैसे तो यूपीएससी ने परीक्षा में बैठने के लिए न्यूनतम आयु 21 वर्ष निर्धारित की है, लेकिन तैयारी कब शुरू करनी चाहिए, इसके लिए आईएएस ने कोई आयु सीमा निर्धारित नहीं की है।

हालाँकि आईएएस/आईपीएस की तैयारी शुरू करने के लिए कोई विशेष आयु निर्धारित नहीं है। लेकिन ज्यादातर उम्मीदवार 21 या 22 वर्ष की आयु में स्नातक होने के बाद ही इस परीक्षा की तैयारी शुरू करते हैं। लेकिन कई उम्मीदवार ऐसे भी होते हैं, जो और बाद में नागरिक सेवा में शामिल होने का प्रयास करते हैं और 26 या 28 वर्ष की उम्र में तैयारी शुरू करते हैं। हमने ऐसे उम्मीदवारों को भी देखा है, जिन्होंने 31 वर्ष की आयु में परीक्षा दी और पहले ही प्रयास में सफलता प्राप्त कर ली। सिविल सेवा की तैयारी करना कोई 3–4 दिन का काम नहीं है। इसके लिए आपको बहुत ज्यादा टाइम अपनी पढ़ाई में देना पड़ता है और इस तैयारी में लगभग दो या तीन वर्ष भी लग जाते हैं। आपके मन की दृढ़ता बहुत जरूरी है। इसलिए छात्रों के लिए यह जानना बेहद जरूरी है कि परीक्षा की तैयारी शुरू करने के लिए अनुकूल आयु क्या होनी चाहिए, जिससे कम–से–कम प्रयासों में सफलता मिल जाए।

कुछ छात्र 18 वर्ष की आयु से ही सिविल सेवा परीक्षा की तैयारी करने का निर्णय लेते हैं। उच्च माध्यमिक पाठ्यक्रम पूरा करने के लिए 18 वर्ष की आयु आदर्श मानी जाती है। यह पाठ्यक्रम पूरा करने के बाद छात्र स्नातक की पढ़ाई के लिए कॉलेज में दाखिला लेते हैं। स्नातक की पढ़ाई कर रहे छात्रों को एक सुनहरा अवसर मिलता है कि वह आईएएस/आईपीएस परीक्षा को ध्यान में रखकर, स्नातकीय विषयों का चयन कर सकें, जिसका लाभ उन्हें मुख्य परीक्षा के वैकल्पिक विषय का

चयन करते समय भी मिलेगा। इस परीक्षा में सफल होने वाले उम्मीदवारों के आँकड़ों का अगर विश्लेषण किया जाए, तो पता चलेगा कि सफलता प्राप्त करने वाले ज्यादातर उम्मीदवार, परीक्षा की तैयारी 18 वर्ष की आयु में ही शुरू कर चुके थे। तीन–चार वर्षों में स्नातक की पढ़ाई पूरी करने के बाद, 21 या 22 वर्ष की आयु में छात्र यूपीएससी परीक्षा में उपस्थित हो सकते हैं। संभावना यह भी है कि कोई आईएएस/आईपीएस उम्मीदवार 21 या 22 वर्ष की आयु में, स्नातक की पढ़ाई पूरी करने के बाद, परीक्षा में अपने पहले प्रयास में ही सफलता प्राप्त कर ले, पर यह इस बात पर निर्भर करेगा कि स्नातक की पढ़ाई के दौरान उसने परीक्षा के पाठ्यक्रम को कितने गंभीर तरीके से कवर करने की कोशिश की है।

कई छात्र ऐसे भी होते हैं, जो 21 या 22 वर्ष की आयु में स्नातक की पढ़ाई पूरी करने के बाद आईएएस/आईपीएस परीक्षा की तैयारी करने का निर्णय लेते हैं। परीक्षा में शामिल होने के लिए किसी भी अभ्यर्थी के पास कम–से–कम स्नातक की डिग्री होनी चाहिए। स्नातक की पढ़ाई पूरी करने के पश्चात छात्रों के पास काफी समय होता है जो वह आईएएस/आईपीएस परीक्षा की तैयारी में समर्पित कर सकते हैं। आईएएस/आईपीएस टॉपर्स में कई ऐसे मिलेंगे, जिन्होंने 21 या 22 वर्ष की आयु में स्नातक की पढ़ाई पूरी करने के बाद, परीक्षा की तैयारी करने का निर्णय लिया था। कई छात्र ऐसे भी हैं, जिन्होंने स्नातक की पढ़ाई पूरी करने और स्नातकोत्तर पाठ्यक्रम में दाखिला लेने के साथ–साथ, परीक्षा की तैयारी में अपना ध्यान केंद्रित किया।

आईएएस/आईपीएस परीक्षा की तैयारी शुरू करने के लिए किसी विशेष या आदर्श आयु की जरूरत नहीं होती, लेकिन टॉपर्स की सफलता दर का विश्लेषण करने के बाद हम कह सकते हैं कि एक आईएएस/आईपीएस उम्मीदवार को 21 या 22 वर्ष की आयु में स्नातक की पढ़ाई पूरी करने के बाद परीक्षा की तैयारी शुरू कर देनी चाहिए।

घर पर रहकर कैसे करें यूपीएससी (आईएएस/आईपीएस) प्रारंभिक परीक्षा की तैयारी?

सबसे पहले आपको परीक्षा के पैटर्न और पाठ्यक्रम को समझना होगा। यूपीएससी के बारे में एक बहुत आम भ्रांति है कि इसमें पूछे जाने वाले सवालों की कोई सीमा नहीं होती, लेकिन सच तो यह है कि यूपीएससी ने अपनी वेबसाइट पर पाठ्यक्रम की जानकारी दे रखी है और परीक्षा में पूछे जाने वाले सवाल इसी पाठ्यक्रम के दायरे में होते हैं। इसे समझने के लिए आपको चार से पाँच दिन देने होंगे और सबसे पहले अपने विषय चयनित करने होंगे। दिए गए आधिकारिक पाठ्यक्रम के टॉपिक और पुराने प्रश्न–पत्रों को देखकर भी आप अंदाजा लगा सकते हैं कि पाठ्यक्रम में क्या–क्या और कैसे कवर होता है। गूगल का सहारा लेकर भी आप टॉपिक जान सकते हैं।

आईएएस/आईपीएस परीक्षा में उत्तीर्ण होने के लिए दूसरा जरूरी कदम है, अपनी तैयारी का रोडमैप तैयार करना। किस विषय को कब और किस प्रकार पढ़ना है, ये जानने के लिए आप यूट्यूब पर टॉपर्स के वीडियो से मदद ले सकते हैं कि कैसे उन टॉपर्स ने अपना रोडमैप तैयार किया। इसके अलावा इंटरनेट पर रोडमैप से संबंधित कई टॉपर्स के ब्लॉग मौजूद हैं, आपको इन्हें भी पढ़ना चाहिए।

अब अगला स्टेप आप अपनी पढ़ाई गंभीरता से शुरू करें। सबसे पहले उन कॉन्सेप्चुअल टॉपिक को पढ़ें जो आपके द्वारा चयनित पाँच मुख्य सब्जेक्ट से हैं। इनके टॉपिक्स को नवंबर तक पूरा खत्म कर लेने का टार्गेट रखें। हो सके तो साथ–ही–साथ अपने को सीसैट के लिए भी परखना शुरू करें। इसके लिए आप पुराना प्रश्नपत्र हल करके खुद को स्कोर करें। अगर आप घर पर मॉक टेस्ट करके 100 तक नंबर पा लेते हैं, तो मान लीजिए कि आपको इसकी गहन तैयारी करने की आवश्यकता नहीं है, क्योंकि इसमें क्वालीफाई करने के लिए सिर्फ 66 नंबर लाने होते हैं।

कई अभ्यर्थी सोचते हैं कि वे नए सोर्सेज से पढ़ें, लेकिन यदि सफलता प्राप्त उम्मीदवारों की मानें तो जो पहले से क्लासिक सोर्स दिए गए हैं, उनसे ही तैयारी करना ज्यादा फायदेमंद रहता है। इसके साथ ही आप कितने चैप्टर और पेज एक दिन में पढ़ते हैं, उसका भी हिसाब रखें। कोर टॉपिक्स पर फोकस करें। कोर टॉपिक्स वर्किंग प्रोफेशनल के लिए भी अच्छे रहते हैं। इसके बाद बेसिक साइंस एंड टेक्नोलॉजी और करेंट अफेयर्स की तैयारी साथ में करें। बाकी एथिक्स की पढ़ाई करनी है, जिसे आप प्रारंभिक परीक्षा के बाद भी कर सकते हैं।

समसामयिकी के लिए आपको डेली मैगजीन और समाचार–पत्र पढ़ना चाहिए। दिन में अधिकतम 45 मिनट रोज समाचार–पत्र पढ़ें, इससे ज्यादा वक्त न दें। दिसंबर के बाद पूरी तरह प्रारंभिक परीक्षा पर फोकस करें। प्रारंभिक परीक्षा के पाठ्यक्रम के साथ पिछले कुछ वर्षों के प्रश्न–पत्र हल करें। इस दौरान मुख्य परीक्षा को भूल जाएँ और सिर्फ प्रारंभिक परीक्षा पर ही फोकस करें। हर सप्ताह एक टेस्ट दें और फिर अंत में एक दिन में एक या दो टेस्ट सीरीज का अभ्यास करें।

पिछले वर्षों के प्रश्न–पत्रों को टॉपिकवाइज सॉल्व करने का प्रयास करें। जिस भी विषय को पढ़ें, उससे संबंधित प्रारंभिक परीक्षा और मुख्य परीक्षा दोनों के प्रश्नों को सॉल्व करते रहें और अंत में कोशिश करें कि आप हर विषय का एक से अधिक बार रिवीजन करें।

ये आवश्यक नहीं है कि आप 18 से 20 घंटे पढ़ें। 8 –10 घंटे पूर्ण एकाग्रता से पढ़ने से भी आप सफल हो सकते हैं।

आईएएस/आईपीएस में स्मार्ट वर्क बनाम हार्ड वर्क

परीक्षा में सफल होने के लिए कड़ी मेहनत करना सबसे जरूरी है। इतना विस्तृत पाठ्यक्रम और इतना अलग पैटर्न, इस पर विजय पाने के लिए मेहनत के सिवा कोई दूसरा विकल्प हो ही नहीं सकता। लेकिन यहाँ ध्यान देने वाली एक बात यह है कि इस परीक्षा में कॉम्पिटिशन इतना

मुश्किल है कि कड़ी मेहनत के साथ–साथ सही स्ट्रेट्जी की भी जरूरत पड़ती है। मतलब कड़ी मेहनत को सफल बनाने के लिए सही रणनीति का होना भी परम आवश्यक है।

जैसा कि हमने पहले चर्चा की कि हार्ड वर्क और स्मार्ट वर्क दोनों को साथ में मिलाकर ही आईएएस/आईपीएस परीक्षा में सफलता प्राप्त की जा सकती है। दोनों का ही अपना महत्त्व होता है। लेकिन इन दोनों में से ज्यादा फोकस किस कॉन्सेप्ट पर करना चाहिए, यह सवाल अकसर लोगों को कन्फ्यूज कर देता है और इस कन्फ्यूजन को दूर करने के लिए इन दोनों का मतलब समझना जरूरी है।

किसी भी काम को पूरा करने के लिए और किसी काम में सफल होने के लिए कड़ी मेहनत करना ही हार्ड वर्क है। यदि एक मजदूर पूरी मेहनत के साथ किसी भवन का निर्माण करता है, तो यह उसके हार्ड वर्क के कारण हुआ है। इसी तरह यदि एक विद्यार्थी कड़ी मेहनत के साथ पढ़ाई करता है, तो वह भी हार्ड वर्क कर रहा होता है। जबकि स्मार्ट वर्क का मतलब है, अपनी बौद्धिक क्षमता का प्रयोग करते हुए मेहनत करना, जिससे जल्दी और बेहतर परिणाम प्राप्त हो। जैसे कि भवन बनाने वाला मजदूर अगर अपनी फिजिकल लेबर को कम करने के लिए किसी टूल या मशीन का इस्तेमाल करे या फिर कोई स्टूडेंट पढ़ाई को आसान बनाने के लिए किसी के नोट्स का इस्तेमाल करे या फिर अपने दोस्तों से बात करते हुए किसी टॉपिक को समझ ले, ताकि उसे बार–बार खुद पढ़ने की जरूरत ना पड़े।

आइए समझते हैं कि इन दोनों में से कौन ज्यादा जरूरी है।

हार्ड वर्क के कुछ बिंदु

डेडीकेशन–हार्ड वर्क के लिए व्यक्ति का डेडीकेटेड होना सबसे जरूरी है। हार्ड वर्क का रास्ता लंबा, उबाऊ और थका देने वाला होता है और डेडीकेशन के बिना इस रास्ते पर बने रहना मुश्किल हो जाता है। लेकिन

यदि आप डेडीकेटेड हो, तो आप किसी भी चुनौती से विचलित नहीं होते, क्योंकि आपको अपने ऊपर भरोसा रहता है कि आप उस चुनौती को पार कर लेंगे।

अनुभव–लंबे रास्ते से यात्रा करने का एक फायदा यह होता है कि इसमें आपको कई अनुभव मिलते हैं, जो आगे आने वाली जिंदगी में मददगार साबित होते हैं। साथ ही आप आने वाली चुनौतियों के बारे में पहले से सजग हो सकते हैं।

कष्टदायक–हार्ड वर्क का रास्ता बहुत ही कष्टदायक होता है। यह कष्ट सिर्फ शारीरिक हो, ऐसा जरूरी नहीं। आईएएस/आईपीएस के अभ्यर्थियों के लिए यह प्रक्रिया मानसिक ज्यादा होती है। कई बार ऐसे मौके आएँगे, जब आपका दिल कुछ और करना चाहेगा, लेकिन आपका दिमाग आपसे कहेगा कि पढ़ना सबसे ज्यादा जरूरी है। ऐसे समय में अकसर आप पढ़ाई तो करेंगे, लेकिन आपको समझ में कुछ नहीं आएगा।

हार्ड वर्क का तरीका वर्षों से चली आ रही परंपराओं पर आधारित है। लेकिन दुनिया तेजी से बदल रही है और ऐसे में कई परंपराएँ भी टूट रही हैं या फिर धीरे–धीरे अप्रचलित हो रही हैं। उदाहरण के लिए, क्लासेज लेने के दो तरीके हो सकते हैं, क्लासरूम में यानी परंपरागत या फिर इंटरनेट की मदद से कंप्यूटर या मोबाइल पर जिसे नोबल तरीका कहा जा सकता है। परंपरागत तरीके में सबसे बड़ी मुश्किल यह है कि इसमें मेहनत बहुत ज्यादा लगती है और क्षमता कम हो जाती है।

स्मार्ट वर्क की खूबियाँ

स्मार्ट वर्क, हार्ड वर्क की खामियों को तो दूर करता ही है, साथ ही उसके पॉजिटिव एस्पेक्ट्स को और मजबूत करता है। स्मार्ट वर्क की सबसे बड़ी खूबी यह होती है कि इससे आपका समय बचता है और उस बचे हुए समय में आप और अधिक काम कर सकते हैं।

उदाहरण के लिए, किसी चैप्टर को पूरा पढ़कर उससे नोट्स बनाना हार्ड वर्क है, जो आपको करना ही पड़ेगा। लेकिन याद रखने के लिए अध्याय को बार–बार पढ़ने की बजाय, उन नोट्स को बार–बार पढ़ते रहना स्मार्ट वर्क है। इससे आप कम समय में पूरा चैप्टर याद कर सकते हैं और जो समय बचेगा, उसमें आप किसी और टॉपिक का अध्ययन कर सकते हैं।

दोस्तो, हार्ड वर्क और स्मार्ट वर्क में किसी एक को चुनना असंभव है। यह कुछ वैसी ही बात होगी कि आपको अपने दोनों हाथों या दोनों पैरों में से किसी एक को चुनना पड़े। दोनों की अपनी इम्पोर्टेन्स है और दोनों को एक साथ लेकर चलने से ही सफलता की गारंटी मिल सकती है।

आईएएस/आईपीएस की तैयारी में समय सारणी और स्ट्रेट्जी दोनों का समन्वय

आईएएस/आईपीएस की तैयारी शुरू करने वाले छात्रों के मन में अकसर कई सारी दुविधाएँ रहती हैं। अनेक प्रकार के सवाल उनके मन में उठते रहते हैं और ऐसा होना स्वाभाविक भी है, क्योंकि जब कोई इस समंदर में छलाँग लगाता है, तो शुरुआत में उसे कुछ समझ नहीं आता कि किधर जाना है, कहाँ से शुरुआत करनी है और किस तरह से आगे बढ़ना है।

अधिकतर लोगों का मानना है कि आईएएस/आईपीएस परीक्षा की तैयारी करने से पहले आपको परीक्षा का ब्लू प्रिंट तैयार करना चाहिए। इससे आप बेहतर तरीके से अपनी मंजिल तक पहुँच सकते हैं। इसके लिए सबसे पहले आपको अपना पाठ्यक्रम देख लेना चाहिए। इसके बाद कक्षा 6 से लेकर 12 तक की एनसीईआरटी की किताबें कलेक्ट कर लेनी चाहिए। आपको अपनी तैयारी की शुरुआत इन्हीं किताबों से करनी चाहिए और जब तक आप इन्हें कम–से–कम दो बार पूरा ना पढ़ लें, तब तक किसी और किताब को ना पढ़ें।

पढ़ाई करते समय परीक्षा के पाठ्यक्रम को स्ट्रिक्ट्ली फॉलो करें। कहीं ऐसा ना हो कि हर पॉइंट कवर करने के चक्कर में इंपोर्टेंट पॉइंट्स छूट जाएँ। पाठ्यक्रम के साथ–साथ पिछले वर्षों के प्रश्नों का भी रोजाना अभ्यास करते रहें। कोशिश कीजिए कि कोई भी चैप्टर पढ़ने से पहले आप उस चैप्टर के प्रश्नों को पढ़ें। इससे चैप्टर पढ़ते समय आपको यह पता रहेगा कि किन पॉइंट्स पर ज्यादा ध्यान देना है। स्मार्ट स्टडी करने के लिए समय–समय पर अपनी तैयारी का मूल्यांकन करते रहना भी जरूरी होता है। ऐसा करने से आपको पता रहेगा कि आपकी तैयारी सही दिशा में आगे बढ़ रही है या नहीं। अपनी तैयारी को जाँचने के लिए आप मॉक टैस्ट का सहारा ले सकते हैं। इसके लिए आप किसी ऑनलाइन पोर्टल या कोचिंग इंस्टीट्यूट की मदद भी ले सकते हैं। यदि आप किसी कोचिंग की मदद नहीं लेना चाहते हैं, तो आप प्रभात प्रकाशन के 'प्रिवियस ईयर क्वेश्चंस' या 'मॉक टेस्ट पेपर्स' की मदद से घर पर ही मॉक टेस्ट का अभ्यास कर सकते हैं।

देखा जाए तो आपकी सफलता इसी बात पर निर्भर करती है कि आप अपने समय का प्रबंधन किस तरह से करते हैं। असल में, आईएएस/आईपीएरा परीक्षा का पाठ्यक्रम इतना विशाल है कि इसे पूरा कवर करने में बहुत समय लगता है, इसलिए अनावश्यक नोट्स बनाने से बचें और व्यर्थ के टॉपिक्स पर भी समय बरबाद ना करें। अपने समय का अधिक–से–अधिक उपयोग पढ़ाई के लिए करें। उदाहरण के लिए, नाश्ता करते समय या सोने से पहले आप समाचार–पत्र और पत्रिकाएँ पढ़ सकते हैं। इस तरह आपको समसामयिकी के लिए अलग से समय निकालने की जरूरत नहीं पड़ेगी।

जैसा कि आप जानते ही हैं कि आईएएस/आईपीएस की परीक्षा तीन चरणों में आयोजित की जाती है और तीनों चरण एक–दूसरे से काफी अलग होते हैं। इसलिए तीनों चरणों की रणनीति भी अलग होनी चाहिए। प्रारंभिक परीक्षा, वस्तुनिष्ठ यानी ऑब्जेक्टिव टाइप की होती है और इसमें नकारात्मक अंकन का बहुत महत्त्व होता है। अकसर छात्र इस पहलू का

ध्यान नहीं रखते हैं और प्रारंभिक परीक्षा में ही बाहर हो जाते हैं। मॉक टेस्ट को हल करने से आपको अपने नकारात्मक अंकों को सीमित करने में मदद मिलती है।

परीक्षा की तैयारी की रणनीति में पढ़ाई के साथ–साथ दिनचर्या यानी समय सारणी का भी बहुत महत्त्व होता है। आप चाहें तो इस समय सारणी को फॉलो कर सकते हैं।

सुबह 5:15 से 6:15 बजे तक–करीब एक घंटे के इस समय का उपयोग व्यायाम या तेज कदमों से टहलने जैसी हल्की–फुल्की शारीरिक गतिविधि को दें। ध्यान और योग से आपके दिमाग को आराम मिलेगा और तनाव दूर होगा।

सुबह 6:30 से 7:30 बजे तक–इस एक घंटे में आप पिछले दिन पढ़े गए विषयों की पुनरावृत्ति यानी रिवीजन करें। जो आज दिन में पढ़े जाने वाले विषयों के लिए निरंतरता बनाएगा।

सुबह 7:30 बजे से 8:00 बजे तक–इस समय का उपयोग आप नाश्ता और समाचार–पत्र पढ़ने में करें। यह आपको पूरे दिन के लिए ऊर्जा प्रदान करेगा। समाचार–पत्र पढ़ने से आपको राष्ट्रीय एवं अंतरराष्ट्रीय घटनाओं के बारे में अपडेट होने में मदद मिलेगी। हो सके, तो इसी समय समसामयिकी के नोट्स भी बना लें।

सुबह 8:00 बजे से 10:30 बजे तक–यह आपका पहला अध्ययन सत्र होगा। इस समय आप कोचिंग जाकर या घर पर ही रहकर पढ़ाई कर सकते हैं। इसके बाद थोड़ा आराम करें।

सुबह 11:30 बजे से दोपहर 1:00 बजे तक–यह आपका दूसरा अध्ययन सत्र होगा। इस दौरान उन व्याख्यात्मक विषयों पर फोकस करने की कोशिश करें, जिन्हें आपको आज के दिन में कवर करना है।

दोपहर 1:00 से 1:30 बजे तक– दोपहर का भोजन करें। प्रोटीन की प्रचुरता वाले खाद्य पदार्थों को भोजन में शामिल करें। इसके बाद आप चाहें, तो थोड़ा आराम कर सकते हैं।

शाम 4:30 – 5:30 बजे–यह आपका तीसरा अध्ययन सत्र होगा। इसलिए, इस समय में उन विषयों को पढ़ें, जिन पर अधिक मेहनत करने की जरूरत है। इसके बाद आप एक लंबा ब्रेक ले सकते हैं, जिसमें आप अपने निजी काम कर सकते हैं।

शाम 6:30 बजे से रात्रि 8:30 बजे तक–यह आपका चौथा अध्ययन सत्र होगा। शाम तक आपका दिमाग कुछ हद तक तनावग्रस्त हो जाएगा। इसलिए इस समय आप रुचिकर विषयों को पढ़ें।

रात्रि 8:30 बजे से 9:00 बजे तक–यह समय रात के भोजन का है। रात के समय कार्बोहाइड्रेट्स खाने से बचें तथा रात के खाने में फल और हरी सब्जियों को शामिल करें।

रात्रि 9:00 बजे से 10:00 बजे तक–अंग्रेजी समाचार और प्राइम टाइम चैनल चर्चा देखें। यह आपको सभी अनिवार्य तथ्यों एवं आँकड़ों के साथ दिन के प्रमुख समाचारों का गहन विश्लेषण प्रदान करेगा।

इसके बाद आप चाहें, तो दिन भर पढ़े हुए टॉपिक्स का रिवीजन कर सकते हैं या फिर सोने की तैयारी कर सकते हैं। बिस्तर पर जाकर भी आपको दिन में पढ़ी हुई बातों को मन में दोहराने की कोशिश करनी चाहिए। इससे वे आपके दिमाग में अच्छी तरह बैठ जाएँगी और आपको नींद भी आसानी से आ जाएगी।

कदम–दर–कदम तैयारी

आईएएस/आईपीएस के लिए होने वाली परीक्षा की तैयारी में हर वर्ष हजारों युवा जुटते हैं, लेकिन उनमें से कुछ लोग ही यह लक्ष्य प्राप्त कर पाते हैं। हालाँकि आईएएस/आईपीएस की तैयारी बहुत कठिन है, लेकिन इसकी विधिवत तैयारी के बाद इसमें सफलता की उम्मीद बढ़ जाती है।

इन पदों को हासिल करने के लिए हर वर्ष लाखों युवा कड़ी मेहनत से गुजरते हैं। लेकिन तीसरे चरण यानी साक्षात्कार तक आते–आते बहुत सारे छात्रों को मायूस होना पड़ता है।

यूपीएससी द्वारा आयोजित इस परीक्षा में करीब चार लाख छात्रों में से 15–20 हजार छात्र ही पहला चरण पार करने में सफल होते हैं। इसके बाद मुख्य परीक्षा की बारी आती है। इसमें ज्यादातर छात्र दौड़ से बाहर हो जाते हैं। आखिरी चरण साक्षात्कार में पदों की संख्या से तीन गुना ज्यादा छात्र जाते हैं, यानी अगर एक हजार पदों के लिए आवेदन मँगाए गए हैं, तो मुख्य परीक्षा के बाद करीब तीन हजार छात्र साक्षात्कार में शामिल होते हैं। किंतु गिने–चुने लोगों को ही साक्षात्कार में कामयाबी हासिल होती है। आईएएस के रूप में सेवा का मौका बहुत कम छात्रों को ही मिलता है। अन्य छात्र आईपीएस, इंडियन फॉरेन सर्विस तथा आईआरएस यानी इंडियन रेवेन्यू सर्विस या एलायड सर्विस में जाते हैं।

परीक्षा में सवालों के पैटर्न में यह सोचकर बदलाव लाया गया था कि छात्रों को कोचिंग के जाल से मुक्ति मिलेगी, लेकिन एक वर्ष में ही कोचिंग संस्थान फिर से हावी हो गए। अब कोचिंग संस्थान सीसैट की तैयारी भी कराने लगे हैं। विशेषज्ञ कहते हैं, 'मौजूदा पैटर्न में कलेक्टरी की तैयारी कीजिए, तो इंस्पेक्टरी की भी हो जाएगी।' यानी परीक्षा का पैटर्न ऐसा हो गया है कि इससे बैंकिंग सेवा और कर्मचारी चयन आयोग की परीक्षा में भी बहुत मदद मिलती है। इसके लिए अलग से तैयारी की जरूरत नहीं रह जाती।

पिरामिड बनाकर तैयारी

किसी भी परीक्षा की तैयारी हो, हमें एक पिरामिड बनाकर ही करनी चाहिए। शुरुआती दौर में हमें तैयारी पाठ्यक्रम कवरेज से करनी चाहिए। किंतु जैसे–जैसे परीक्षा का समय निकट आता है, वैसे–वैसे पिरामिड के शीर्ष तक पहुँचने के लिए पाठ्यक्रम की भलीभाँति तैयारी करनी चाहिए और तैयारी भी पाठ्यक्रम के कोर सब्जेक्ट्स पर निर्भर करती है।

रणनीति बनाना जरूरी

परीक्षा कोई भी हो, रणनीति जरूरी है। जो अभ्यर्थी सफल हुए हैं, उनका मानना है कि हमें अपनी योग्यता के अनुसार ही तैयारी करनी चाहिए। योजना बनाते समय आपको यह देखना जरूरी है कि आप कितने दिनों में तैयारी

कर सकते हैं। यदि आपकी परीक्षा में गैप है, तो आप वैकल्पिक विषय की तैयारी के लिए बीच का समय भी रिजर्व कर सकते हैं। इस बचे हुए समय का आप सदुपयोग कर सकते हैं। यदि आप समय का सही उपयोग करेंगे, तो सफल होने में किसी भी दिक्कत का सामना नहीं करना पड़ेगा। ठीक से तैयारी करेंगे, तो आप जल्द ही सफल होंगे। जिन विषयों में मैरिट की सूची निर्धारित हो, आप उन विषयों का आधार लेकर भी तैयारी कर सकते हैं, किंतु जो विषय आप क्वालीफाई कर सकते हैं, उन्हें आप नजरअंदाज मत करिए।

हर पल है महत्त्वपूर्ण

इस परीक्षा में सफल अभ्यर्थियों का मानना है कि मुख्य परीक्षा में आप प्रभावी प्रदर्शन तभी कर पाएँगे, जब बचे हुए समय का सदुपयोग करेंगे। इस समय नए टॉपिक्स पढ़ने से बचें और जो अभी तक पढ़े हैं, उसका खूब रिवीजन करें। रिवीजन ही सफलता की कुंजी है। इसके अलावा आप सबसे पहले इस परीक्षा में पूछे जाने वाले विषयों की एक सूची बना लें और अपनी तैयारी इसी योजना के अनुरूप करें। अगर आपको लगता है कि आपके जीएस पेपर में कुछ कमी रह गई है, जिसे दो दिनों में कंप्लीट किया जा सकता है, तो आपके लिए बेहतर होगा कि आप सबसे पहले जीएस पेपर की तैयारी करें। उसके बाद ही अन्य पेपर पर ध्यान दें। इस तरह की योजना आपको खुद बनानी होगी और उस पर अमल भी खुद ही करना होगा। अगर आप इस तरह की योजना हर विषय के साथ बनाते हैं, तो आप अपने बचे हुए समय का सही सदुपयोग करने में सफल हो सकते हैं।

गैप को ध्यान में रखकर करें तैयारी

सफल लोग कोई अलग काम नहीं करते, बल्कि हर काम अलग ढंग से करते हैं। अगर आपको मुख्य परीक्षा में बेहतर स्कोर करना है, तो आपको भीड़ से अलग होने के लिए कुछ अलग सोचना होगा। सबसे पहले यह देखें कि आपके ऑप्शनल विषय की परीक्षा कब है।

अकसर देखा जाता है कि दो ऑप्शनल विषयों के बीच काफी दिनों का गैप होता है। अगर आपके साथ भी इस तरह की स्थिति है, तो बेहतर होगा कि आप अपने विषयों की तैयारी इस बचे हुए समय के लिए रख दें और इस बचे हुए समय का सदुपयोग अन्य कमजोर विषयों के रिवीजन में करें। इससे आपको अन्य विषयों की तैयारी के लिए कुछ अतिरिक्त समय मिल जाएगा।

अनिवार्य विषय पर ध्यान दें

आईएएस/आईपीएस की तैयारी करनेवाले अधिकांश अभ्यर्थी जनरल इंग्लिश और सामान्य हिंदी की तैयारी के प्रति गंभीर नहीं होते हैं। इसका परिणाम यह होता है कि बाद में उन्हें अनेक तरह की परेशानियों का सामना करना पड़ता है और समयाभाव के कारण अंतिम समय में वे अपनी रणनीति और भाग्य को कोसते हैं। अतः यह समझना आवश्यक है कि संघ लोक सेवा आयोग की परीक्षा में सभी विषयों का समान महत्त्व होता है। आप किसी भी विषय को छोड़कर आगे नहीं बढ़ सकते हैं। यदि आप अनिवार्य विषय में क्वालीफाइंग मार्क्स लाने में सफल होंगे, तभी अन्य विषयों का मूल्यांकन किया जाएगा। इस कारण इसे हल्के में लेने की भूल कभी न करें। आपके लिए सबसे बेहतर रास्ता यह है कि क्वालीफाइंग नेचर के जनरल इंग्लिश और सामान्य हिंदी के प्रति कतई लापरवाही न बरतें और इनकी तैयारी भी अच्छी तरह से करें। मेरे बहुत सारे सीनियर फ्रेंड्स जनरल इंग्लिश का पेपर क्वालीफाई नहीं कर पाते थे।

वैज्ञानिक सोच जरूरी

मुख्य परीक्षा में सफल कई टॉपर्स का मानना है कि कुछ छात्र यह सोचते हैं कि थोड़ी–बहुत तैयारी करके निबंध में अच्छे अंक प्राप्त किए जा सकते हैं। लेकिन यह सोचना ठीक नहीं है। निबंध में आप बेहतर अंक तभी ला सकते हैं, जब आप वैज्ञानिक तरीके से इसकी तैयारी करते हैं।

बेहतर और आदर्श स्थिति यह होगी कि पहले से ही एक क्षेत्र निर्धारित कर लें कि मुझे इसी क्षेत्र से संबंधित प्रश्नों के उत्तर लिखने हैं। उदाहरण के लिए, यदि आप पहले से यह निर्धारित कर लेते हैं कि

मुझे राजनीति से संबंधित प्रश्नों पर ही निबंध लिखना है, तो आपके लिए स्थिति बेहतर होगी और आप तैयारी को अंतिम रूप देने में भी सफल होंगे।

इस परीक्षा में निबंध का एक अनिवार्य पेपर होता है, जिसमें तीन घंटे में किसी एक विषय पर निबंध लिखना होता है। इस समय में आप सूझ–बूझ के साथ व्यवस्थित और तर्कपूर्ण ढंग से लिखें।

तैयारी के लिए कोचिंग नोट्स बनाम स्टैंडर्ड बुक्स

आईएएस/आईपीएस परीक्षा की तैयारी की बात हो और पाठ्य सामग्री पर चर्चा ना हो, ऐसा कैसे हो सकता है? अकसर विद्यार्थियों के मन में यह दुविधा होती है कि तैयारी के लिए किताबें पढ़नी चाहिए या फिर कोचिंग सेंटर में उपलब्ध कराए गए नोट्स। यह दुविधा तैयारी कर रहे स्टूडेंट्स को कभी–कभी इतना कन्फ्यूज कर देती है कि वे न तो किताबों पर ही फोकस कर पाते हैं और न ही नोट्स पर।

कोचिंग के नोट्स या परंपरागत किताबें, आईएएस/आईपीएस परीक्षा के मामले में यह द्वंद्व कोई नया नहीं है। दोनों पक्षों के पैरोकार अपनी–अपनी दलीलें भी देते हैं और दोनों ही अपनी–अपनी जगह सही भी होते हैं। इसलिए विद्यार्थियों का कन्फ्यूज होना आम बात है।

आईएएस/आईपीएस परीक्षा की तैयारी का एक सच यह है कि बिना स्टैंडर्ड बुक्स के तैयारी कर पाना संभव ही नहीं है। दरअसल, स्टैंडर्ड बुक्स आपकी तैयारी को एक आधार देती हैं, जिस पर आप अपने ज्ञान की इमारत खड़ी करते हैं। आप किसी भी विशेषज्ञ से बात करें, तो वह आपको सबसे पहले एनसीईआरटी पढ़ने की ही सलाह देगा। कई कैंडिडेट्स तो ऐसे भी हैं, जिन्होंने निरंतर सिर्फ एनसीईआरटी से ही पढ़ाई की और परीक्षा में सफल भी हुए। इसी तरह राजव्यवस्था के लिए एम. लक्ष्मीकांत को पढ़े बिना इस विषय की तैयारी में बेहद कठिनाई हो सकती है। ऐसे कई विषय हैं, जिनमें स्टैंडर्ड बुक्स से पढ़ाई करने के बाद ही आप अपने

ज्ञान में विस्तार कर सकते हैं और साथ ही लिखने की कला में भी। दूसरे शब्दों में कहा जाए तो कुछ विषय जैसे इतिहास, राजव्यवस्था, भूगोल इत्यादि की तैयारी स्टैंडर्ड बुक्स से ही करनी चाहिए।

मगर कुछ विषय ऐसे भी हैं जिनकी तैयारी के लिए आपको बाजार में स्टैंडर्ड बुक्स नहीं मिलतीं, जैसे पर्यावरण, समसामयिकी इत्यादि। इन विषयों के लिए आपको नोट्स पर ही निर्भर रहना पड़ेगा। दरअसल, यूपीएससी में कुछ विषय ऐसे भी हैं, जिनका कंटेंट लगातार अपडेट होता रहता है। यही कारण है कि इनके लिए किताबें ढूँढ पाना टेढ़ी खीर है। ऐसे में आपके पास दो ही विकल्प बचते हैं या तो अलग–अलग स्रोतों से खोज कर अपने नोट्स आप खुद तैयार करें या फिर ऐसे नोट्स से पढ़ाई करें, जो आपको विश्वसनीय सोर्स से मिले हों। अच्छे कोचिंग संस्थान भी एक विश्वसनीय सोर्स हो सकते हैं। दूसरे विकल्प का फायदा यह होता है कि इससे आपके समय की बचत होती है और आपको फालतू की खबरों और सामग्रियों को पढ़ने की जरूरत नहीं होती। उदाहरण के लिए, समसामयिकी के नोट्स के लिए आपको हर दिन समाचार–पत्र और मैगजीन पढ़कर उसमें से काम आने वाली खबरें छाँटकर, उनसे एकदम सही नोट्स बनाने पड़ेंगे। यह काम काफी समय लेता है। लेकिन यही काम यदि आपके लिए कोई और कर दे, तो आपको सिर्फ उसे पढ़कर याद करना है। इससे आपके समय और ऊर्जा दोनों की ही बचत होगी।

दोस्तो, आईएएस/आईपीएस परीक्षा के पाठ्यक्रम में कुछ विषय ऐसे भी हैं, जिनका एक फिक्स्ड कंटेंट तो होता है, लेकिन उसमें हर वर्ष अपडेट भी होता है, जैसे–साइंस या इकोनॉमिक्स। इन विषयों के सवाल स्टैंडर्ड कंटेंट से भी आते हैं और करेंट सिनेरियो के कांटेक्स्ट से भी। ऐसे विषयों के लिए आपको बुक्स और नोट्स दोनों को ही महत्त्व देना पड़ेगा। दरअसल परीक्षा के बदलते पैटर्न में यह नोटिस किया गया है कि सवालों का रुझान आज के संदर्भ से ज्यादा संबंधित होता है, लेकिन उनको आप तभी समझ पाएँगे जब आपके पास उस टॉपिक की बेसिक नॉलेज हो। तो इन विषयों के लिए पहले आपको स्टैंडर्ड बुक्स से पढ़कर अपने फंडामैंटल्स को स्ट्रोंग करना चाहिए और फिर नोट्स की मदद से अपनी जानकारी को लगातार अपडेट करते रहना चाहिए।

आईएएस/आईपीएस परीक्षा का पाठ्यक्रम जितना व्यापक है, इसका स्टडी मैटेरियल उससे कहीं ज्यादा विस्तृत और फिर आज के समय में आप किसी एक टाइप ऑफ सोर्स पर आश्रित रहने का जोखिम भी नहीं उठा सकते हैं, इसलिए तैयारी के लिए आपको नोट्स और बुक्स, दोनों में सामंजस्य बिठाना होगा।

अभ्यास जरूरी

निबंध के पेपर का मकसद आपकी सोच, भाषा–शैली और सहज अभिव्यक्ति क्षमता को परखना होता है। इसके लिए खूब अभ्यास करें। इसके अतिरिक्त यदि आपके आस–पास कोई ऐसा मित्र या परिचित है, जो इस परीक्षा में पहले सफलता हासिल कर चुका है, तो उससे मशवरा लेकर तैयारी की रणनीति बना सकते हैं।

लेखन क्षमता बढ़ाएँ

यूपीएससी परीक्षा की तैयारी में लगे छात्रों की एक आम समस्या होती है कि वे पढ़ते तो खूब हैं, लेकिन लेखन अभ्यास में कमी के चलते निबंध जैसे प्रश्न–पत्रों में खासी मुश्किलों का सामना करते हैं। लिहाजा विशेषज्ञ सलाह देते हैं कि लगातार लिखने का अभ्यास करें। अपने विचारों के उतावलेपन को संतुलन की बाढ़ में बाँधने के लिए किया गया यह लेखन अभ्यास बहुत काम आएगा। इसके अलावा यह भी माना जाता है कि निबंध लेखन एक अनवरत प्रक्रिया है। इसमें आपकी शैली, भाषा पर पकड़, नजरिया, तथ्य व उनके स्रोत सभी की जाँच की जाती है। अतएव, इन चीजों पर नियंत्रण के लिए अभी से अभ्यास शुरू कर दें।

सभी विषयों में चुनें कोर एरिया

इस परीक्षा में सफल अभ्यर्थियों का यही मानना है कि आप इस परीक्षा में सफलता तभी प्राप्त कर सकते हैं, जब आप पाठ्यक्रम के अनुरूप पूरी तैयारी करेंगे।

कम समय में पुख्ता तैयारी का सबसे अच्छा जरिया आपके बनाए नोट्स होते हैं। यह हम नहीं, बल्कि विशेषज्ञ कहते हैं, किताबों के ढेर में उलझने के बजाय वर्षभर की मेहनत से तैयार किए गए नोट्स पर ध्यान दें।

आप कितना ही अध्ययन क्यों न कर लें, लेकिन आईएएस/आईपीएस जैसे विशद् पाठ्यक्रम को कवर करते हुए अंतिम समय में कुछ–न–कुछ महत्त्वपूर्ण छूट ही जाता है। लिहाजा अच्छा होगा कि आप तैयारी को अंतिम रूप देते समय कुछ बैकअप टाइम भी रखें। इस समय का उपयोग आप छूट रही चीजों पर सरसरी निगाह डालने के लिए कर सकते हैं।

शब्द सीमा का ध्यान रखें

जो उत्तर जितने शब्दों में माँगे जा रहे हैं, उन्हें उतने ही शब्दों में 'टू दी पॉइंट' लिखने का अभ्यास करें। जो छात्र शब्द सीमा का पालन नहीं करते हैं, उनके साथ समस्या यह होती है कि अधिक उत्तर लिखने के फेर में अन्य प्रश्नों के उत्तर जानकर भी वह समयाभाव के कारण लिख नहीं पाते।

गत प्रश्न–पत्रों का अध्ययन

चयनात्मक अध्ययन के लिए पिछले वर्षों के प्रश्न–पत्रों के आधार पर ऐच्छिक विषय के प्रश्नों का अनुमान लगाएँ और उनके आदर्श उत्तर तैयार करें। परीक्षा में एक प्रश्न से जुड़े उप–प्रश्न भी होते हैं, इसलिए अनुमानित प्रश्नों के उत्तर तैयार करते समय उससे संबंधित सभी पहलुओं का ध्यान रखें।

लिखने में संतुलन बरतें

याद रखिए, आईएएस/आईपीएस परीक्षा में लिखे गए आपके हर शब्द से आपकी विचारधारा और व्यक्तित्व का पता चलता है। ऐसे में किसी खास नीति अथवा पक्ष की ओर दिखाया गया झुकाव, आपके लिए यहाँ घातक साबित हो सकता है। इसलिए, उत्तर लिखने में संतुलित दृष्टि अपनाएँ और अपने लिखे हुए हर शब्द की कीमत पहचानें।

दोहराव यानी रिवीजन भी जरूरी

अभ्यर्थियों को चाहिए कि वह अपनी रुचि के अनुकूल पकड़ बनाएँ और चयनित विषय का दोहराव करें। आपको निबंध का भी अभ्यास करना होगा। यदि निबंध में क्रमबद्धता, मौलिकता एवं विषय संबंधी समस्या आ रही है, तो समय को देखते हुए उसे दूर करें। सामान्य अध्ययन के प्रथम

पत्र का पाठ्यक्रम पूरी तरह पारंपरिक होता है, इसलिए उसको ध्यान में रखते हुए जुट जाइए।

समय प्रबंधन है अहम

सिविल सेवा की मुख्य परीक्षा में अपनी सफलता सुनिश्चित करनी है, तो सभी प्रश्न–पत्रों पर बराबर ध्यान दें। ऐसा न हो कि एक पेपर पर आप खूब मेहनत करें और दूसरे पर कम ध्यान दें। यदि आप सभी प्रश्न–पत्रों में अधिकाधिक अंक हासिल करेंगे, तो सिविल सेवा में आपका चयन काफी हद तक सुनिश्चित हो जाएगा। अतः आप पर निर्भर करता है कि आप कितने अंक बटोर पाते हैं। आप मुख्य परीक्षा में जितने ज्यादा अंक पाएँगे, इस परीक्षा में आपकी सफलता उतनी पक्की होगी।

तैयारी करते समय आपको समय का भी ध्यान रखना होगा। सभी विषयों की तैयारी के लिए समय–सीमा निर्धारित होना जरूरी है ताकि कोई विषय छूट न जाए। इसी प्रकार परीक्षा देते समय हर प्रश्न पर सामान्य समय देना जरूरी है, ऐसा न हो कि आप किसी एक प्रश्न पर ज्यादा समय लगा दें और बाकी के प्रश्न कम समय में पूरे करने पड़ें। इसलिए ध्यान में रखें, आपको जो प्रश्न ज्यादा और अच्छी तरह आते हों, उन प्रश्नों का उत्तर पहले लिखें। आपको यह भी ध्यान देना होगा कि आप हर प्रश्न का उत्तर 35 मिनट के हिसाब (वैकल्पिक प्रश्न) से देंगे। हालाँकि सामान्य अध्ययन के पेपर में शुद्धता का ध्यान देना जरूरी है, लेकिन शुद्धता के साथ आपको गति पर भी ध्यान देना होगा। इस प्रकार, समय को ध्यान में रखते हुए प्रश्न हल करें।

सफलता की कहानीः संघर्ष ही सफलता

सिविल सेवा में 40वीं रैंक प्राप्त करने वाले प्रणव कुमार संघर्ष और सफलता की मिसाल हैं। चौथी बार में चयनित प्रणव कुमार का मानना है कि यदि आप सामान्य परिवार से हैं, आपकी पृष्ठभूमि सामान्य है, आपके पास पर्याप्त संसाधन नहीं हैं, और प्रथम प्रयास में आपको सफलता नहीं मिलती, तो चिंता करने और निराश होने की आवश्यकता नहीं है। संघ लोक सेवा आयोग, सिविल सेवा में सफल होने का मौका जरूर देगा। हाँ, जरूरत है तो धैर्य और परिश्रम की।

उत्तर प्रदेश लोक सेवा आयोग के माध्यम से एक्साइज ऑफिसर के रूप में चयनित प्रणव ने मध्यमवर्गीय परिवार की सभी चुनौतियों को पार करते हुए सफलता पाई। अपनी आवश्यकताओं की पूर्ति के लिए उन्होंने बच्चों को ट्यूशन भी पढ़ाया। प्रणव के अनुसार, ''मेरी सफलता में मेरे परिवार का बहुत बड़ा हाथ रहा है, खासकर मेरे बड़े भाई का, जो एक गवर्नमेंट स्कूल में शिक्षक थे। मेरी आर्थिक स्थिति बहुत ही खराब थी। मैं ग्रामीण पृष्ठभूमि से संबंध रखता हूँ, लेकिन मेरे परिवारवालों ने सहयोग में कोई कमी नहीं होने दी।'' प्रथम प्रयास में प्रारंभिक परीक्षा में फेल, दूसरे और तीसरे प्रयास में मुख्य परीक्षा तक और अंततः चौथे प्रयास में मेहनत रंग लाई और प्रणव कुमार जी चुन लिए गए। इनका मानना है कि गरीबी और अभाव हमेशा ही पीछे नहीं ले जाते, बल्कि प्रेरणादायक भी होते हैं। यानी सिविल सेवा के प्रति जज्बा हो, तो कोई भी चुनौती व समस्या आड़े नहीं आती और सफलता आपके कदम चूमती है।

❑❑❑

3

पढ़ने की आदत में विविधता

देश के विकास के लिए अनिवार्य सक्षम एवं सुदृढ़ सिविल सेवा प्रणाली में कार्यरत एक सिविल सेवक के सेवा काल में कई चुनौतियाँ आती हैं, जो इस सेवा को भारत की सर्वोच्च प्रतिष्ठित सेवा बनाती हैं।

भारत की सर्वोच्च सेवा होने के कारण, इससे जुड़ी प्रतिष्ठा व विविध चुनौतियाँ, इस सेवा को और अधिक आकर्षक, सुरक्षित और चुनौतीपूर्ण बनाती हैं। संवैधानिक ढाँचे के अंदर यह एक शक्तिशाली किंतु सामाजिक सेवा से जुड़ी हुई नौकरी है। यहाँ स्थिरता है और खतरे भी कम हैं।

नीतिगत मामलों में एक आईएएस अधिकारी की महत्त्वपूर्ण भूमिका होती है। उदाहरणार्थ– संविधान के अनुच्छेद 77 के अंतर्गत केंद्र तथा अनुच्छेद 166 के अंतर्गत राज्यों के कार्यकारी शासन के लिए उल्लिखित कार्य नियमों के प्रति मंत्रालय या विभाग के सचिव का यह कर्त्तव्य है कि वह उन नियमों का पालन सुनिश्चित करे। यदि मंत्री भी किसी नियम के विरुद्ध कोई आदेश देता है, तो सचिव का यह कर्त्तव्य है कि वह मंत्री को इस विषय में अवगत कराए। फिर भी यदि मंत्री नियम विरुद्ध कार्य के लिए जोर डालता है, तो फाइल मंत्री के माध्यम से प्रधानमंत्री या मुख्यमंत्री, जो भी स्थिति हो, के पास भेजी जाए।

प्रशासनिक अधिकारी देश के नीति निर्माता तथा क्रियान्वयन कर्ता होते हैं। वे सरकार का विभिन्न देशों या अंतरराष्ट्रीय मंचों पर प्रतिनिधित्व करते हैं। वे सरकार के बदले संधियों पर हस्ताक्षर के लिए अधिकृत होते हैं। जब वे जिला स्तर पर कार्य करते हैं, तो लोकप्रिय रूप में डी.एम., कलेक्टर, जिलाधिकारी, जिला मजिस्ट्रेट इत्यादि नामों से पुकारे जाते हैं। वे जिला स्तर के सभी कार्यों के लिए सीधे तौर पर उत्तरदायी होते हैं, चाहे वह विकास कार्य हो, कानून व्यवस्था या आपदा प्रबंधन। सचिवालयों में ये उपसचिव, अवर सचिव, मुख्य सचिव, प्रधान सचिव इत्यादि के दायित्व निभाते हैं। अधिकारी के रूप में इनकी सर्वश्रेष्ठ पद स्थापना, प्रधानमंत्री तथा विभिन्न राज्यों के मुख्यमंत्रियों के प्रधान सचिव के रूप में होती है।

परीक्षा में सफलता के लिए किताबी कीड़ा होने के अलावा, आपको अलग तरह की किताबें पढ़ने की भी कोशिश करनी चाहिए। यदि आपको सिर्फ उपन्यास पढ़ना अच्छा लगता है तो अपना मन बहलाने के लिए थोड़ी देर उपन्यास पढ़ सकते हैं, किंतु इसमें ज्यादा समय न लगाएँ, वरना परीक्षा में सफलता पाना आपके लिए कठिन हो सकता है। इसलिए अपनी पढ़ाई के कार्यक्रम में अलग–अलग प्रकार की किताबों को शामिल करें और पढ़ने की आदत में विविधता लाएँ।

सूचनाप्रद कार्यक्रमों / प्रसारणों को देखना

आईएएस / आईपीएस परीक्षा में सफलता हेतु यह एक बेहद महत्त्वपूर्ण विशेषता है, जो आईएएस / आईपीएस अधिकारी बनने की दिशा में आपके प्रयास में काफी मदद करेगी। कई शोध अध्ययनों ने यह सिद्ध किया है कि मनुष्य साधारण पाठ के मुकाबले चित्र रूप में दी गई जानकारी से ज्यादा सीखता है। आज के समय में आपको कई ऐसे टीवी चैनल मिल जाएँगे। डिस्कवरी और नेशनल ज्योग्राफिक जैसे पुराने चैनल भी हैं, जो अलग–अलग विषयों पर आपका ज्ञान बढ़ाने में मदद कर सकते हैं। इसके अलावा भारत की विविधता पर ध्यान देते हुए, इन चैनलों ने भारत–केंद्रित शो और वीडियो भी प्रसारित करने शुरू कर दिए हैं, जो आपको हमारे देश के बारे में बहुत–सी नई जानकारियाँ प्रदान कर सकते हैं।

इंटरनेट का इस्तेमाल

हम इंटरनेट के युग में जी रहे हैं ऐसे में, आईएएस/आईपीएस उम्मीदवारों द्वारा परीक्षा तैयारी के दौरान इंटरनेट पर भरोसा करना स्वाभाविक है। उम्मीदवारों के लिए खास तौर पर बनाई गई वेबसाइटों के अलावा, आप यूट्यूब, गूगल न्यूज, विकिपीडिया और ऐसी ही अन्य वेबसाइटों या वैकल्पिक स्रोतों का भी प्रयोग कर सकते हैं। असल में, कई सफल आईएएस/आईपीएस उम्मीदवारों ने जटिल अवधारणाओं और विषयों, जो उनकी मुख्य शिक्षा का हिस्सा नहीं रहे हैं, को समझने के लिए उपलब्ध स्रोतों में यूट्यूब को सबसे अच्छा विकल्प माना है। उदाहरण के लिए, मानविकी पृष्ठभूमि का कोई छात्र ट्यूटोरियल वीडियो के माध्यम से ऊष्मागतिकी को बहुत आसानी से समझ सकता है। इसी प्रकार गूगल न्यूज ऐसा स्रोत है, जो आपको राष्ट्रीय के साथ–साथ अंतरराष्ट्रीय महत्त्व की घटनाओं के बारे में सभी अपडेट मुहैया कराता है।

आईएएस/आईपीएस की तैयारी के लिए सबसे अच्छे यूट्यूब चैनल्स

विश्व में इंटरनेट के विस्तार के बाद आईएएस/आईपीएस की तैयारी का तरीका भी काफी बदल गया है। यूट्यूब नाम की क्रांति ने तो इंसान के जीवन को काफी सरल बना दिया है, क्योंकि यहाँ हर तरह की जानकारी मुफ्त में उपलब्ध है। इन्हीं सब बेनिफिट्स के कारण अभ्यर्थी आजकल यूट्यूब की ओर आकर्षित हो रहे हैं। लेकिन इसमें एक समस्या यह है कि यहाँ इतने सारे चैनल्स हैं, जो अकसर विद्यार्थियों को भ्रमित कर देते हैं कि किसे फॉलो करना चाहिए।

बीते कुछ वर्षों में भारत में डिजिटल शिक्षा को तेजी से बढ़ावा मिला है, इसलिए आज आईएएस/आईपीएस उम्मीदवारों के लिए घर बैठे तैयारी करना काफी आसान हो गया है। ऑनलाइन तैयारी की सबसे अच्छी बात यह है कि यहाँ छात्रों को काफी स्टडी मेटेरियल मुफ्त में मिल जाता है और वे बिना किसी भौगोलिक बंधन के अपनी सुविधा के मुताबिक इसका इस्तेमाल कर सकते हैं। लेकिन इस परीक्षा की तैयारी के लिए आपको हर कदम काफी सोच–समझकर आगे बढ़ाना होगा। इसका कारण है कि आजकल इंटरनेट पर कई ऐसे माध्यम हैं, जो आईएएस/आईपीएस

की तैयारी के लिए बेस्ट प्लेटफॉर्म होने का दावा तो करते हैं, लेकिन अंत में सिर्फ छात्रों का समय बरबाद होता है। इसलिए, आज हम आपको हिंदी के उन गिने–चुने यूट्यूब चैनल्स के बारे में बता रहे हैं, जिससे आपको अपनी तैयारी में काफी मदद मिल सकती है और आप अपने आईएएस/आईपीएस बनने के सपने को साकार कर सकते हैं।

- **संसद टीवी**–यह चैनल भारत सरकार के अधीन है। इस पर संसद के दोनों सदनों के अलावा अन्य राष्ट्रीय और अंतरराष्ट्रीय मामलों को लेकर कई प्रोग्राम चलाए जाते हैं। इस चैनल पर राजनीतिक, आर्थिक, सामाजिक और सांस्कृतिक जीवन के सभी पहलुओं पर काफी गहराई से प्रकाश डाला जाता है जिसमें विशेषज्ञ हिस्सा लेते हैं। सिविल सेवा परीक्षा की तैयारी के लिहाज से यह छात्रों के लिए काफी महत्त्वपूर्ण चैनल है।
- **प्रेस इंफॉर्मेशन ब्यूरो, भारत सरकार**–यह केंद्र सरकार की नीतियों और उपलब्धियों के बारे में जानकारी देने वाली मुख्य एजेंसी है, जो प्रेस रिलीज, प्रेस कॉन्फ्रेंस, इंटरव्यू व प्रेस ब्रीफिंग के माध्यम से समाचार–पत्रों तथा इलेक्ट्रॉनिक मीडिया तक जानकारी पहुँचाती है। यह किसी भी सरकारी परीक्षा में समसामयिकी की तैयारी के लिए काफी महत्त्वपूर्ण है।
- **मिशन आई.ए.एस.**–मिशन आई.ए.एस. को मैंने शुरू किया है। मिशन–50 द्वारा प्रतिवर्ष 50 छात्र–छात्राओं को प्रवेश परीक्षा द्वारा चयनित कर UPSC, BPSC एवं अन्य सभी राज्य लोक सेवाओं की ऑफलाइन/ऑनलाइन पूर्णतः निःशुल्क तैयारी कराई जाती है। @iasranjit, @mission50ias तथा @missioniasofficial यूजर नाम से यूट्यूब चैनल हैं, जिन पर सभी विषयों का फ्री कंटेंट उपलब्ध है। साथ ही संघर्ष की कहानी और 'टॉपर्स टॉक' भी है।
- **दृष्टि आईएएस**–'दृष्टि द विजन' संस्थान को 1996 बैच के आईएएस अधिकारी रहे 'विकास दिव्यकीर्ति' चलाते हैं। बीते दो दशकों से यह आईएएस/आईपीएस के उम्मीदवारों के सबसे पसंदीदा कोचिंग संस्थानों में से एक रहा है। यह उम्मीदवारों को पाठ्यक्रम के हिसाब

से वीडियो कक्षाएँ, ऑडियो–विजुअल नोट्स और अन्य कंटेंट आसानी से उपलब्ध कराने के लिए जाना जाता है, जो प्रारंभिक परीक्षा से लेकर इंटरव्यू तक में कारगर सिद्ध होते हैं।

- **अनअकैडमी**–अनअकैडमी की शुरुआत, वर्ष 2015 में आईएएस रह चुके डॉ. रोमन सैनी ने की थी। इस संस्थान ने काफी कम समय में एक अलग मुकाम हासिल किया है। अनअकैडमी, तमाम सरकारी परीक्षाओं की तैयारी कराती है और इसने हिंदी के छात्रों की मदद के लिए अलग से एक यूट्यूब चैनल भी शुरू किया है।
- **विजन आईएएस**–'विजन आईएएस कोचिंग संस्थान' हिंदी और अंग्रेजी, दोनों भाषाओं में अलग–अलग यूट्यूब चैनल चलाता है। इसमें उम्मीदवारों को प्रेरित करने के लिए कई टॉपर्स सेशन में लेते हैं और उन्हें तैयारी के बेहतर तरीके बताते हैं। यह चैनल भी परीक्षा के हर चरण की तैयारी के लिए कारगर है।
- **प्रभात एग्जाम**–वैसे तो आप में से अधिकांश लोग इस चैनल को अच्छी तरह से जानते होंगे, लेकिन फिर भी जो नहीं जानते, उनके लिए बता दें कि यह एक ऐसा चैनल है, जहाँ आपको आईएएस/आईपीएस की तैयारी के हर आस्पेक्ट की जानकारी मिलती है। यहाँ आपको प्रेरित करने वाली कहानियाँ भी मिलेंगी और नॉलेज बेस्ड वीडियोज भी। यहाँ आपको टॉपर्स के इंटरव्यू भी मिलेंगे, जो आपको तैयारी के लिए स्ट्रेट्जी बनाने में भी मदद करेंगे।

यात्रा करना

एक पुरानी कहावत है–'सीखने के लिए यात्रा से बेहतर कोई तरीका नहीं है', और जब बात आईएएस परीक्षा की हो, तो यह पूरी तरह से सच है। अगर आप यात्रा करने के शौकीन हैं और आपको नए एवं दिलचस्प स्थानों की यात्रा करना पसंद है, तो यह आपको उस स्थान के इतिहास, संस्कृति और यहाँ तक कि भूगोल के बारे में बहुत कुछ सिखा सकती है। यात्रा अलग–अलग स्थानों के विषय में आपके ज्ञान में बहुत सारी नई चीजों को

जोड़कर या बदलकर आपके दृष्टिकोण में बदलाव लाती है। उत्तरी क्षेत्र में में रहने वाले ज्यादातर आईएएस उम्मीदवारों के लिए मुगल इतिहास को जानना आसान हो सकता है। आपको सिर्फ यह करने की जरूरत है कि आप पाठ्यक्रम में दिए गए लोकप्रिय किलों और अन्य स्थानों पर जाएँ। लाल किले में जाना, आपको उससे जुड़े इतिहास के बारे में 100 पन्ने पढ़ने से भी अधिक सिखा देगा। इसी प्रकार यदि आप अरावली की पहाड़ियों की स्थलाकृति के बारे में जानना चाहते हैं, तो व्यक्तिगत तौर पर वहाँ जाना सबसे अधिक काम आएगा। सीखने के सबसे अच्छे अनुभवों में से एक है उत्तर–पूर्व के सात राज्यों–सेवन सिस्टर्स–की यात्रा, जिससे इस क्षेत्र की बेहद अलग संस्कृति और परंपराओं के बारे में पूर्णतः जाना जा सकता है।

रचनात्मकता का विकास

वस्तुतः रचनात्मक लोग चीजों को उस नजरिए से नहीं देखते, जैसी वे होती हैं, बल्कि वे चीजों को उस नजरिए से देखते हैं जैसी वे हो सकती हैं। अगर आप आईएएस/आईपीएस बनने की इच्छा रखते हैं, तो रचनात्मकता को आपके जीवन की सफलता के मंत्रों में से एक होना चाहिए। बतौर आईएएस/आईपीएस अधिकारी आपसे कई अलग–अलग परिस्थितियों से निपटने और कुछ रचनात्मकता एवं लीक से हटकर कठिन फैसले लेने की उम्मीद की जाएगी। संक्षेप में कहें, तो गूढ़ बातों को समझना और जटिल समस्याओं के लिए सरल, लेकिन रचनात्मक समाधान प्रस्तुत करना आपकी प्रमुख जिम्मेदारी होगी। आईएएस/आईपीएस की परीक्षा के दौरान आपकी योग्यताओं की भी परीक्षा होती है, इसलिए रचनात्मक सोच, सफल अधिकारी बनने में आपकी मदद करेगी। वास्तव में रचनात्मक सोच, आपको आईएएस/आईपीएस परीक्षा में सफल होने के लिए तैयारी करने की नई रणनीति बनाने में भी मदद कर सकती है।

विवेचनात्मक सोच

रचनात्मकता की तरह ही विवेचनात्मक सोच भी आईएएस/आईपीएस बनने की इच्छा रखने वालों के लिए बहुत महत्त्वपूर्ण होती है। आईएएस/आईपीएस अधिकारी देश के नौकरशाही ढाँचे में अनेक विषयों की जानकारी

रखने वाले होते हैं। कई लोग इस बात से असहमत हो सकते हैं, लेकिन बतौर अभ्यर्थी यह गुण आपके पक्ष में होगा। आईएएस/आईपीएस परीक्षा के पाठ्यक्रम का ज्यादातर हिस्सा चूँकि हमारे दैनिक जीवन से कवर होता है, अतः परिप्रेक्ष्य समझने के लिए आपको सिर्फ इन पर विवेचनात्मक तरीके से सोचने की जरूरत है।

आज के समय में उपलब्ध ज्यादातर जानकारी विवेचनात्मक सोच, लोगों के सामान्य प्रश्नों और गतिविधियों का ही परिणाम है। इसी प्रकार, यदि आप अवधारणाओं का विवेचनात्मक परीक्षण और विश्लेषण कर सकते हैं और उन्हें अपने दैनिक जीवन से जोड़कर देख सकते हैं, तो यह आपकी अवधारणा को विस्तार से समझने और परीक्षा में प्रश्नों का उत्तर देने में मदद कर सकता है। इसलिए शेरलॉक के कहे गए इस कथन 'देखना बंद करें और आज से ही समीक्षा करना शुरू कर दें' के अनुसार कार्य करना शुरू करें।

समय का समुचित प्रयोग

स्कूल के दिनों से ही हमें 'समयनिष्ठ' होने को कहा जाता रहा है। हम में से कई लोगों ने इसे स्वीकार कर अपनी जीवन–शैली का हिस्सा भी बना लिया है। लेकिन अभी भी ऐसे कई लोग हैं, जो अब भी अपना समय प्रबंधित करने में अक्षम हैं। अगर आप दूसरे प्रकार के लोगों में से हैं, तो आपको ज्यादा सावधानी बरतनी होगी, क्योंकि यह आईएएस/आईपीएस परीक्षा में सफल होने के आपके अवसर को बुरी तरह से प्रभावित कर सकता है। आईएएस अभ्यर्थी के लिए समय सबसे दुर्लभ संसाधन है, अतः परीक्षा में सफल होने के लिए समयनिष्ठ होना और समय का उचित प्रबंधन महत्त्वपूर्ण है। दूसरी ओर, यह अभ्यर्थियों को उस अनुशासित जीवन के लिए तैयार करता है, जिसका पालन उन्हें परीक्षा में सफल होने के बाद करना होता है।

प्रतिबद्धता और आत्मप्रेरणा

आईएएस/आईपीएस की परीक्षा में कुछ सौ सीटों के लिए लाखों अभ्यर्थियों की होड़ के कारण इसमें सफल होना आसान नहीं है। व्यक्तिगत या स्वास्थ्य संबंधी समस्याओं की वजह से, जब आप पढ़ाई नहीं कर पाते,

तो समय के लिहाज से परिस्थितियाँ और कमजोर हो जाती हैं। आपको भारी–भरकम संदर्भ पुस्तकों को पढ़ने के लिए कभी–कभी शक्ति और प्रेरणा की आवश्यकता होती है। अगर आप आईएएस/आईपीएस की परीक्षा में सफल होने के लिए प्रतिबद्ध आत्म–प्रेरित व्यक्ति हैं, तो यह आपके लिए बहुत आसान हो जाएगा। प्रतिबद्धता और आत्म–प्रेरणा को मन में बैठाना, आईएएस/आईपीएस की परीक्षा में सफल होने में महत्त्वपूर्ण भूमिका निभाता है।

संसाधन कम, रिवीजन ज्यादा

सबसे पहले तो इस बात को दिमाग में बैठा लें कि प्रारंभिक परीक्षा, मुख्य परीक्षा और साक्षात्कार की तैयारी अलग–अलग न करके, संयुक्त तौर पर करनी चाहिए। प्रारंभिक परीक्षा में आने वाले प्रश्न भी कई बार मुख्य परीक्षा में आ जाते हैं। इसलिए रिवीजन करना जरूरी है। सिर्फ बहुत सारा स्टडी मैटेरियल जुटाने से ही सफलता नहीं मिलती, उसे पढ़ना और याद भी करना होता है। पाँच अलग–अलग किताबों को पढ़ने के बजाय एक किताब को पाँच बार पढ़ना चाहिए। मॉक टेस्ट देने चाहिए। साथ–ही–साथ आंसर राइटिंग की प्रैक्टिस कर स्पीड भी बढ़ाएँ।

पहले प्रारंभिक परीक्षा को टारगेट बनाएँ

सबसे पहले प्रारंभिक परीक्षा को टारगेट बनाना चाहिए। अगर यही बाधा पार नहीं हुई, तो आगे की सारी तैयारी बेकार हो जाएगी। दोनों परीक्षाओं की तैयारी साथ–साथ करनी चाहिए। क्योंकि बाद में मुख्य परीक्षा की तैयारी के लिए समय नहीं मिल पाएगा। लेकिन शुरुआत में फोकस प्रारंभिक परीक्षा पर रहे। मॉक टेस्ट के माध्यम से अपने रिवीजन को जाँचते रहें।

निराश न हों, धैर्य रखें

इस परीक्षा में सफलता पाने के लिए सबसे जरूरी धैर्य और निरंतरता है। अपने मन को ऐसे तैयार करें कि जिस दिन पढ़ने की इच्छा न हो, उसी दिन अच्छे से पढ़कर दिखाएँ और देखें कि कैसे आपके अंदर नया साहस पैदा होता है। जिन लोगों से आपको प्रेरणा और सकारात्मक ऊर्जा मिलती है, उनके संपर्क में रहें। नकारात्मक विचार वाले लोगों से दूरी बनाना ही ठीक रहता है। विफलता या सफलता, दोनों हमारे दिमाग में होती हैं, अगर हम ठान लें, तो कुछ भी हासिल कर सकते हैं।

समय के सही उपयोग की आदत

सबसे महत्त्वपूर्ण आदतों में से एक है, समय का प्रबंधन और उपयोग करना। उम्मीदवारों को अपने समय का उपयोग करना आना चाहिए। उन्हें आदत होनी चाहिए कि वे परीक्षा की तैयारी करने से पहले, परीक्षा की तैयारी के लिए अपनी योजना बनाएँ, ताकि उनके पास पूरे पाठ्यक्रम को ठीक से कवर करने के लिए पर्याप्त समय हो। उन्हें सभी विषयों को शामिल करते हुए एक ठोस अध्ययन योजना बनानी चाहिए और उसका पालन भी करना चाहिए।

महत्त्वपूर्ण विषय और रिवीजन

चूँकि परीक्षा का एक विशाल पाठ्यक्रम है और एक साथ विभिन्न पुस्तकों का अध्ययन करने से उम्मीदवारों को भ्रम हो जाता है, इसलिए ज्यादा या अलग–अलग पुस्तकों से पढ़ना आपकी आदत नहीं होनी चाहिए। आपको चयनात्मक पढ़ने का अभ्यास करना चाहिए और पाठ्यक्रम में दिए गए उन विषयों पर अधिक ध्यान देना चाहिए जो महत्त्वपूर्ण हैं। भ्रम से बचने के लिए हर विषय की केवल 1–2 अच्छी पुस्तकों को पढ़ना सही होता है। साथ ही रिवीजन करने की आदत जरूर होनी चाहिए।

यूपीएससी–प्रारंभिक परीक्षा (जितनी प्रैक्टिस उतना बेहतर स्कोर)

आँखें बंद कीजिए और एक पल के लिए सोचिए कि आप परीक्षा भवन में प्रवेश करने जा रहे हैं। आपके आस–पास सैकड़ों लोग हैं, लेकिन आप उनसे अनजान हैं। आपके मन में सिर्फ एक ही बात चल रही है–आज वह दिन है, जब आप रणभूमि में उतरने वाले हैं और दुनिया आपकी ओर देख रही है। आज परीक्षा है आपकी मेहनत की, आपके धैर्य की और आपके भविष्य की। क्या आपको किसी क्रिकेट खिलाड़ी जैसी फीलिंग आ रही है? एक ऐसा खिलाड़ी जिस पर सैकड़ों निगाहें टिकी हैं और जिसके अच्छे प्रदर्शन के लिए हजारों लोग प्रार्थना कर रहे हैं। लेकिन क्रिकेट की ही तरह यूपीएससी पिच पर भी वही परफॉर्म कर सकता है, जिसने प्रैक्टिस में पसीना बहाया हो।

आईएएस/आईपीएस क्वालीफाई करने के लिए जितना महत्त्वपूर्ण पढ़ाई करना है, उतना ही महत्त्वपूर्ण परीक्षा के दौरान 2 घंटों में उस पढ़ाई का उपयोग करना भी है। अतः उन 2 घंटों में सर्वश्रेष्ठ टाइम मैनेजमेंट,

मानसिक एकाग्रता तथा दिमागी सक्रियता कैसे संभव हो–यह जानना अति आवश्यक है। परीक्षा भवन में अपनी सीट पर बैठते ही दिमाग को पूरी तरह शांत कर लें। भीड़ का प्रेशर भूल जाएँ और अपनी पूरी ऊर्जा सिर्फ एक बिंदु पर केंद्रित करें। लगातार अनेक प्रश्न (ओवर फेंके जाने) आएँगे, अतः एक के बाद एक प्रश्न को हल करने के लिए (शॉट खेलने के लिए) खुद को तैयार कर लें।

प्रारंभिक परीक्षा के सामान्य अध्ययन प्रश्न–पत्र में प्रश्नों की कुल संख्या 100 होती है, जिन्हें महज 2 घंटे या 120 मिनट में हल करना होता है। इस लिहाज से देखा जाए, तो परीक्षार्थियों को प्रत्येक प्रश्न के लिए महज 72 सेकेंड का समय मिलता है, जबकि प्रश्नों की जटिलता और गहराई का स्तर तो सबको मालूम ही है। प्रश्न–पत्र मिलने के बाद तुरंत प्रश्न हल करना शुरू न करें, बल्कि पूरे पेपर को पलटकर उसे समझने का प्रयास करें। अर्थात् किस टॉपिक से कितना पूछा गया है, और वह कितना कठिन या कितना आसान है, ये देखें। इससे आपका दिमाग युद्ध (मैच) की शुरुआत में ही सामने वाली सेना (टेस्ट पेपर) की ताकत को समझ जाएगा। यदि आपने खूब नेट प्रैक्टिस की है (यानी खूब मॉक टेस्ट्स दिए हैं), तो यह आपको स्वतः फायदा पहुँचाएगा।

परीक्षार्थी को 72 सेकेंड के अंदर ही प्रश्न में दिए गए विकल्पों में से सही विकल्प चुनकर, उसके लिए उत्तर–पत्रक में सही गोले को काला करना होता है। ऐसे में उत्तर के गलत होने का खतरा तो होता ही है, साथ ही कठिन विकल्पों के कारण प्रश्नों को हल करने में समय भी ज्यादा लगता है। यहाँ तक कि कई बार छात्र पूरा पेपर तक नहीं पढ़ पाते हैं। कहने का तात्पर्य है कि आईएएस/आईपीएस परीक्षा के प्रश्नों की प्रकृति इतनी गहरी और विकल्प इतने जटिल होते हैं कि समय–प्रबंधन एक चुनौती बन जाता है। इस चुनौती से निपटने का तरीका यह है कि सर्वप्रथम वही प्रश्न हल किए जाएँ, जो परीक्षार्थी के ज्ञान की सीमा के दायरे में हों। जिन प्रश्नों के उत्तर पता न हों या जिन पर संदेह हों, उन्हें निशान लगाकर छोड़ देना चाहिए और अगर अंत में समय बचे तो उनका उत्तर देने की कोशिश करनी चाहिए, अन्यथा उन्हें छोड़ देने में ही भलाई है।

यह परीक्षा परीक्षार्थी से 'कैल्कुलेटिव रिस्क' उठाते हुए प्रश्नों को हल करने की सही तकनीक की अपेक्षा करती है। प्रश्न–पत्र को हल करने के लिए 'कैल्कुलेटिव रिस्क' पद्धति को हम इस प्रकार से समझ सकते हैं–

जहाँ उत्तर का बिलकुल भी अनुमान न हो, अर्थात् प्रश्न का कोई भी विकल्प न सूझ रहा हो, वहाँ अंदाजा लगाने से बचें। समय बचाने के लिए ऐसे प्रश्नों को छोड़ देना ही बेहतर होगा।

जब आप किसी प्रश्न के चारों विकल्पों में से किसी एक के बारे में जानते हों, लेकिन शेष तीन विकल्पों के बारे में कोई जानकारी न हो, तो कैल्कुलेटिव रिस्क के आधार पर ऐसे प्रश्न का उत्तर देने की कोशिश करनी चाहिए। इससे परीक्षार्थियों को अंकों के मामले में अंततः फायदा ही होगा। किंतु इस प्रकार के प्रश्नों को बाकी प्रश्न करने के बाद बचे हुए समय में हल करना श्रेयस्कर होगा।

यदि आप किसी प्रश्न के चारों विकल्पों में से दो के बारे में जानते हो और दो के बारे में नहीं जानते, तो अनुमान के आधार पर उत्तर जरूर देना चाहिए। अगर आप 6 प्रश्नों में ऐसा करते हैं और मान लिया जाए कि 50% प्रॉबेबिलिटी के अनुसार, आपके 3 प्रश्न सही होते हैं और 3 गलत; तो आपको 4 अंकों का लाभ मिलेगा, जो सफलता की दृष्टि से बेहद महत्त्वपूर्ण है।

प्रश्नों को हल करने की तकनीक में अभ्यर्थियों को हमेशा प्रश्नों की प्रकृति समझते हुए 'आसान–प्रश्न' से 'जटिल–प्रश्न' की ओर क्रमिक रूप से बढ़ना चाहिए। साथ ही, जिन प्रश्नों के उत्तर उन्हें सीधे तौर पर नहीं आते हों, उनमें 'निष्कासन विधि' यानी 'एलिमिनेटिंग पद्धति' का इस्तेमाल करना चाहिए। निष्कासन विधि के तहत चारों विकल्पों में से जिसके गलत होने की संभावना सर्वाधिक हो, उसे छाँटते हुए धीरे–धीरे सही उत्तर तक पहुँचना होता है। यह विधि बहुत कारगर है, इसलिए परीक्षा देते समय इसका इस्तेमाल जरूर करना चाहिए।

सफलता की कहानीः बिना कोचिंग सफलता

बिहार के कटिहार के शुभम कुमार, आईएएस 2021 की फाइनल परीक्षा में टॉप करके बिहार ही नहीं, देश भर के युवाओं के लिए मिसाल बन गए।

आम तौर पर कहा जाता है कि आईएएस की तैयारी के लिए करीब 18 से 20 घंटे की पढ़ाई करनी होती है, लेकिन शुभम ने महज 7 से 8 घंटे पढ़ाई करके यह मुकाम हासिल किया।

शुभम कहते हैं कि उन्होंने वर्ष 2018 में आईएएस की तैयारी शुरू की, लेकिन इस दौरान उन्हें काफी उतार–चढ़ाव भी देखने को मिला। हालाँकि, उन्होंने फोकस बनाए रखा और जितना हो सकता था, उतनी कोशिश अपनी तरफ से की। कोरोना का दौर काफी मुश्किल था, लेकिन दृढ़ निश्चय था कि तैयारी करनी है। उन्हें घर से काफी सपोर्ट मिला।

पूर्णिया के बाद कटिहार और फिर पटना में पढ़ाई करने वाले शुभम ने बोकारो से 12वीं उत्तीर्ण की। फिर बॉम्बे आईआईटी से सिविल इंजीनियरिंग में ग्रेजुएशन किया। शुभम बताते हैं कि जब वे छठी कक्षा में थे, तब एक घटना घटित हुई, जिसके बाद उन्होंने पटना से पढ़ाई करने का फैसला लिया। दरअसल, हुआ यह कि जब वह छठी कक्षा में कटिहार में थे, तो उनके एक जवाब को उनके शिक्षक ने गलत कहा था। शुभम के मुताबिक, उन्हें अपना जवाब सही लग रहा था, इसके बावजूद शिक्षक द्वारा गलत करार देने से वह बेहद आहत हुए। फिर उन्होंने स्कूल बदलने का फैसला कर लिया। इसके बाद, उन्होंने पटना का रुख किया।

शुभम ने आईएएस की तैयारी के लिए कोई कोचिंग नहीं ली और दिन में 7 से 8 घंटे पढ़ाई की। प्रारंभिक परीक्षा क्लियर करने के बाद उन्होंने 8 से 10 घंटे पढ़ाई करनी शुरू कर दी। शुभम की माँ ने बताया कि वह शुरू से ही पढ़ने में तेज था। बचपन से ही शुभम टॉपर रहे हैं।

❑❑❑

4

बेहतर अंक पाने के सरल उपाय

आईएएस/आईपीएस की मुख्य परीक्षा में कठिन मेहनत के अलावा अंकदायी विषय भी काफी महत्त्व रखता है। यही कारण है कि मुख्य परीक्षा में कुछ विषय हमेशा लोकप्रिय (Hot) बने रहते हैं। सिविल सेवा मुख्य परीक्षा में अन्य विषयों के अलावा, अंकदायी विषय के तौर पर दर्शनशास्त्र का दूसरे विकल्प के रूप में काफी छात्र चुनाव करते हैं। विशेषज्ञों के अनुसार, दर्शनशास्त्र सिर्फ अंकदायी विषय ही नहीं है, बल्कि इसका पाठ्यक्रम भी अन्य विषयों की अपेक्षा काफी छोटा होता है। आपकी रुचि भी दर्शनशास्त्र में है और मुख्य परीक्षा में आपने भी इस विषय का चयन किया है, तो थोड़ी मेहनत से आप इस विषय में बेहतर अंक ला सकते हैं।

पाठ्यक्रम का करें अध्ययन

मुख्य परीक्षा के हिसाब से दर्शनशास्त्र के पाठ्यक्रम को मोटे तौर पर निम्नलिखित तीन वर्गों में बाँटा जाता है–दर्शनशास्त्र का इतिहास और समस्याएँ, सामाजिक–राजनीतिक दर्शन तथा धर्म–दर्शन। इन तीन वर्गों से ही दर्शनशास्त्र के दो प्रश्न–पत्र मुख्य परीक्षा में बनाए जाते हैं। इसलिए प्रश्न–पत्र की प्रकृति के आधार पर इन्हें उपखंड में बाँटा जा सकता है। दर्शनशास्त्र का इतिहास और समस्याओं के अंतर्गत पाश्चात्य दर्शन एवं भारतीय दर्शन को शामिल किया जाता है। अध्ययन की सुविधा के हिसाब से पाश्चात्य

दर्शन को परंपरागत पाश्चात्य दर्शन (तर्क बुद्धिवाद तथा इंद्रियानुभववाद से संबद्ध) तथा समकालीन पाश्चात्य दर्शन (भाषा विश्लेषण से संबद्ध दर्शन) में बाँटा जाता है। इस तरह पाश्चात्य दर्शन तथा भारतीय दर्शन को मिलाकर प्रथम प्रश्न–पत्र बनता है, जबकि द्वितीय प्रश्न–पत्र सामाजिक–राजनीतिक दर्शन तथा धर्म–दर्शन से बनता है।

पाठ्यक्रम के अनुरूप तैयारी

दर्शनशास्त्र के प्रथम प्रश्न–पत्र में पाश्चात्य दर्शन के अंतर्गत कुल 11 दार्शनिक एवं उनके चयनित सिद्धांत पाठ्यक्रम में हैं। इनमें प्रथम पाँच परंपरागत पाश्चात्य दार्शनिक हैं और शेष 6 भाषायी विश्लेषणात्मक दार्शनिक। भारतीय दर्शन के खंड में कुल 9 दार्शनिक व उनके चयनित सिद्धांतों को शामिल किया गया है। द्वितीय प्रश्न–पत्र में सामाजिक–राजनीतिक दर्शन एवं धर्म दर्शन के 10–10 विषय पाठ्यक्रम में जुड़े हुए हैं।

अद्यतन जानकारी

वर्ष 2008 से दर्शनशास्त्र के पाठ्यक्रम में खासा परिवर्तन हुआ है। पहले परंपरागत पाश्चात्य दर्शन में अलग–अलग दार्शनिक एवं उनके कुछ चयनित दार्शनिक सिद्धांतों का अध्ययन किया जाता था, किंतु अब दार्शनिक शैली के रूप में दार्शनिकों एवं सिद्धांतों को पाठ्यक्रम में जोड़ा गया है। समकालीन पाश्चात्य दर्शन में उत्तरवर्ती विटगेंस्टाइन एवं हाइडेगर के दार्शनिक सिद्धांतों को नए पाठ्यक्रम में जगह मिली है। भारतीय दर्शन में समकालीन दार्शनिक अरविंद के विकास, प्रतिविकास एवं पूर्ण योग जैसे सिद्धांतों को नए पाठ्यक्रम में जोड़ा गया है। सामाजिक–राजनीतिक दर्शन से भी कुछ विषयों को हटाकर, नए विषयों को जोड़ा गया है। सामान्य तौर पर धर्म–दर्शन के पाठ्यक्रम में परिवर्तन नहीं है।

सीसैट द्वारा सभी विषयों के छात्रों को एक समान स्तर पर लाया गया है। इससे रटने की प्रवृत्ति को समाप्त कर अभ्यर्थी के तार्किकता, समझदारी, व्यक्तित्व तथा उसके अंदर छुपे प्रशासनिक गुणों को देखा जाता है। इसमें अभ्यर्थी की सोच, भाषा पर पकड़, विभिन्न परिस्थितियों में निर्णय लेने की क्षमता, तीव्र गति से आकलन एवं गणना करने की क्षमता का पता चलता है। सीसैट कई भागों में बँटा है। प्रत्येक भाग के लिए एक रणनीति है–

भाषा–हिंदी/अंग्रेजी

सीसैट के प्रथम भाग में प्रश्न हिंदी एवं अंग्रेजी दोनों में दिए जाएँगे। इसमें गद्यांश के आधार पर प्रश्न पूछे जाएँगे। अतः गद्यांश को सावधानी से पढ़कर, अच्छे से समझ लें, तभी उत्तर दें। आपने (अभ्यर्थी) अपने फॉर्म में भाषा के स्थान पर जिस भाषा का चयन किया है, गद्यांश के प्रश्नों का उत्तर उसी भाषा में दें। यदि आपने हिंदी भरा है, तो हिंदी गद्यांश पढ़कर उत्तर दें।

गणित

सीसैट में गणित द्वारा आपकी सटीकता की जाँच की जाएगी। गणित के अंतर्गत एनसीईआरटी (6–10) गणित की पुस्तक से 10वीं कक्षा तक के प्रश्न होंगे, जैसे प्रतिशत, औसत, आयु एवं काम, समय एवं दूरी, संभावना आदि। गणित के प्रश्नों को कई बार अभ्यास करके कम समय में सटीकता से सरल बनाया जा सकता है। कुछ चीजों को याद कर लें, जैसे 1 से 50 तक के वर्ग और 1 से 10 तक वर्गमूल आदि। प्रश्नों को हल करते समय अपने दिमाग को स्थिर रखना अनिवार्य है।

निर्णय क्षमता

निर्णय ही प्रशासक का मुख्य कार्य है। एक अच्छा निर्णय किसी भी समस्या को सदा के लिए समाप्त कर देता है। निर्णय लेते समय समस्या से संबंधित सूचनाओं एवं आँकड़ों का विश्लेषण किया जाता है तथा इससे आपके ज्ञान, समझ, धैर्य, पहल करने की क्षमता आदि का पता चलता है, इसलिए इस प्रकार के प्रश्नों को कई चरणों में बाँटकर हल करें। किसी आकस्मिक समस्या से संबंधित प्रश्न का उत्तर देते समय एक सामान्य व्यक्ति या प्रशासक की निर्णय क्षमता तथा सूक्ष्मता से परिस्थितियों का आकलन करने आदि की जाँच होती है। उसके द्वारा निर्णय लेते समय मानवता, संविधान, विधान आदि का ध्यान रखना जरूरी है।

उदाहरण के लिए, यदि आपको किसी मॉल में बम होने की जानकारी मिलती है, तो आप वह जानकारी मैनेजर को देकर धीरे–धीरे मॉल को खाली करवा दें।

संप्रेषण कौशल

लोक सेवक को जनता, नेता, मीडिया एवं नौकरशाह सभी से वार्ता करनी पड़ती है। इसलिए प्रत्येक लोक सेवक में विभिन्न व्यक्तियों से अलग–अलग समय पर किस प्रकार संपर्क/संचार/वार्ता स्थापित करनी है, यह विशेषता होनी चाहिए। प्रशासनिक व्यक्ति तथ्य आधारित संचार करते हैं अतः उनके किसी भी वक्तव्य से संविधान, न्यायालय, विधायिका या जनता के मान–सम्मान को ठेस नहीं पहुँचनी चाहिए। हमेशा सीधा, सरल, सहज एवं संक्षिप्त संचार स्थापित करना जरूरी है। सभी संचार औपचारिक माध्यम द्वारा स्थापित हों, इसका भी ध्यान रखना चाहिए।

तार्किक क्षमता

इस भाग में मुख्य रूप से अभ्यर्थी की मानसिक शक्ति की जाँच की जाएगी। अधिकतर प्रश्न पहेली के रूप में होंगे, जिन्हें हल करना होगा। इसके लिए आर.एस. अग्रवाल की पुस्तक काफी उपयोगी है। इसमें कई प्रकार के प्रश्न समाहित हैं जैसे पहेलियाँ आदि। अधिक अभ्यास द्वारा कम समय में प्रश्नों को हल किया जा सकता है।

मानसिक योग्यता

यह भी एक प्रकार से तर्क परीक्षा का ही हिस्सा है। इसके अंतर्गत दिए गए आँकड़ों के आधार पर किसी घटना को सिद्ध करना होता है। इसके लिए भी आर.एस. अग्रवाल की पुस्तक उपयोगी है।

अंग्रेजी भाषा और बोध परीक्षा

यह भाग सभी अभ्यर्थियों के लिए केवल अंग्रेजी में ही होगा। इसमें कुछ गद्यांश आधारित प्रश्न पूछे जाएँगे। गद्यांश को सावधानी से पढ़कर उत्तर दें। इस भाग में कुछ प्रश्न व्याकरण से भी होंगे, जिनके लिए 10वीं कक्षा की कोई भी व्याकरण की पुस्तक उपयोगी है। इस भाग की तैयारी के लिए संघ लोक सेवा आयोग द्वारा आयोजित अन्य बहुविकल्पीय परीक्षाएँ, जिनमें अंग्रेजी के प्रश्न पूछे जाते हैं, के प्रश्न–पत्रों को लेकर बार–बार अभ्यास करें। इससे आपको प्रश्न की प्रकृति का पता चलेगा और परीक्षा में भी फायदा होगा।

सीसैट ऐसे अभ्यर्थियों के लिए वरदान है, जो किसी भी विषय को रटने की अपेक्षा समझने पर बल देते हैं। इसके द्वारा आने वाले समय में देश को तर्क क्षमता वाले नौकरशाह मिलेंगे।

ध्यानाकर्षण

- पढ़ाई के घंटों में नियमितता रखें। एक दिन 14 घंटे और दूसरे दिन 2 घंटे पढ़ने की बजाय रोजाना 10 घंटे ही पढ़ें।
- पढ़ाई समूह में करें। इससे संदेह भी जल्दी स्पष्ट होंगे और पढ़ने में मजा भी आएगा। हर दिन के लिए एक लक्ष्य बनाएँ और उसे पूरा करें।
- भाषा पर पकड़ बनाने के लिए पढ़ना, लिखना, सुनना, बोलना और तार्किक बहस—इन 5 नियमों का पालन करें।
- आईएएस/आईपीएस का कार्यक्षेत्र बड़ा है, उसे किसी भी क्षेत्र में भेजा जा सकता है, इसलिए सामान्य घटनाक्रम से जुड़े हर विषय को गहराई से पढ़ें।
- विषय का मूल समझने के लिए एनसीईआरटी की किताबें पढ़ें तथा हमेशा लक्ष्य पर निगाह रखें।

आईएएस/आईपीएस की तैयारी के दौरान मानचित्रों का महत्त्व

यह तो सच है कि जो बात हम शब्दों के माध्यम से नहीं समझ पाते हैं, उसे चित्रों के माध्यम से आसानी से समझा जा सकता है। उदाहरण के लिए, किसी गरीब आदमी के बारे में समझाने के लिए, न जाने कितने उदाहरणों और परिस्थितियों का उल्लेख करना पड़ता है, लेकिन यदि हम एक सही चित्र बना लें, तो हम उस गरीब आदमी की कई समस्याओं और परिस्थितियों को एक झटके में आसानी से समझ भी सकते हैं और दूसरों को समझा भी सकते हैं। कुछ यही हाल आईएएस/आईपीएस की तैयारी के अंतर्गत मानचित्रों का भी है।

अगर आप यूपीएससी प्रारंभिक परीक्षा की तैयारी कर रहे हैं, तो आपको पता होगा कि मानचित्रों का अध्ययन करना परीक्षा की तैयारी का एक

अभिन्न अंग है। प्रारंभिक परीक्षा में मानचित्र संबंधी प्रश्न पूछे जाते हैं और मुख्य परीक्षा में भूगोल के वैकल्पिक विषय के पेपर में भी इसका बहुत महत्त्व है। सामान्य तौर पर आप प्रारंभिक परीक्षा में मानचित्र अनुभाग से 9 से 10 प्रश्नों की अपेक्षा कर सकते हैं। जैसा कि हम जानते हैं कि पूर्व परीक्षाओं में अभ्यर्थियों को रिक्त मानचित्र दिए जाते थे और उस मानचित्र पर स्थानों आदि को चिह्नित करना होता था, किंतु वर्तमान में मानचित्र नहीं दिए जाते, केवल प्रश्नों में जगहों के नाम होते हैं और आपको उन्हें सही क्रम में व्यवस्थित करना होता है। इसलिए मानचित्रों के बारे में आपकी समझ और जानकारी स्पष्ट होनी चाहिए। कुछ अभ्यर्थियों के बीच यह धारणा व्याप्त है कि अन्य विषयों की तरह मानचित्र के भाग को भी रटकर सीख सकते हैं, लेकिन यह गलत है। हमें यह समझना होगा कि यूपीएससी द्वारा परीक्षा में पूछे गए मानचित्र संबंधी प्रश्नों से निपटने के लिए अभ्यर्थी में मानचित्रों की सामरिक समझ की जरूरत होती है।

अब सवाल उठता है कि मानचित्र की तैयारी किस प्रकार करनी चाहिए? इसके लिए आप इन टिप्स को फॉलो कर सकते हैं –

- भारत के सभी पड़ोसी देशों के बारे में जानें। विभिन्न भारतीय राज्यों के नाम लिखिए, जो ऐसे पड़ोसी देशों के साथ अपनी सीमाएँ साझा करते हैं तथा भारतीय उपमहाद्वीप के देशों को अपेक्षाकृत अधिक महत्त्व दें।
- भारत के प्रायद्वीपीय भाग और हिंद महासागर में द्वीपों के आसपास के महासागरीय क्षेत्र के लिए, भारत के मानचित्र का अच्छी तरह से अध्ययन करें। उदाहरण के लिए, अंडमान और निकोबार द्वीपसमूह का विस्तार, लक्षद्वीप द्वीपसमूह के निकटतम देश, विभिन्न चैनल–10 डिग्री, 9 डिग्री आदि।
- भारत के मानचित्र पर महत्त्वपूर्ण अक्षांश और देशांतर रेखाओं का अध्ययन करें। उदाहरण के लिए, आपको उन राज्यों का अध्ययन करना चाहिए, जहाँ से कर्क रेखा गुजरती है।

- इसके अलावा, आपको 'अवधारणा आधारित' रेखाओं, समुद्र तटों की प्रकृति आदि का भी अध्ययन करना चाहिए। उदाहरण के लिए, 10 डिग्री सेल्सियस इसोथर्म के आधार पर भारत का विभाजन।
- आपको अपने हाथ से भारत का राजनीतिक मानचित्र (एक रूपरेखा) तैयार करने में सक्षम होना चाहिए (मुख्य परीक्षा सामान्य अध्ययन पेपर–I और सामान्य अध्ययन–II के लिए बहुत महत्त्वपूर्ण)। जानें कि किन राज्यों की सीमा कितने और किन–किन राज्यों से लगती हैं।
- भारत के मानचित्र पर सभी महत्त्वपूर्ण शहरों का अध्ययन करें। आपको उन्हें इंगित करने में सक्षम होना चाहिए और यह भी पता लगाने में सक्षम होना चाहिए कि कौन–सा शहर किसी विशेष शहर के पश्चिम/पूर्व/उत्तर/दक्षिण में है।
- भारत की सभी नदियों के उद्‌गम स्रोत, प्रवाह मार्ग और सहायक नदियों को मानचित्र पर चिह्नित कीजिए। उदाहरण के लिए, प्रारंभिक परीक्षा में पूछे गए एक प्रश्न के उत्तर पर सही ढंग से पहुँचने के लिए तीस्ता नदी के बारे में जानकारी की आवश्यकता थी।
- सभी पर्वत श्रृंखलाओं की सीमा और महत्त्वपूर्ण चोटियों को नोट करें–हिमालयी और प्रायद्वीपीय दोनों। आपको भारत के भौगोलिक मानचित्र पर पूरी पर्वत श्रृंखला खींचने और उसके लिए सबसे ऊँची चोटी दिखाने में सक्षम होना चाहिए।
- विंध्य के उत्तर में स्थित विभिन्न ग्लेशियरों के स्थानों का अध्ययन करें। साथ ही इन पर्वत श्रृंखलाओं/ग्लेशियरों से निकलने वाली विभिन्न नदियों को भी नोट किया जाना चाहिए।
- किसी भी महत्त्वपूर्ण हालिया समाचार के लिए, एटलस पर आवश्यक स्थान देखें। राष्ट्रीय सीमाओं और सीमावर्ती देशों के बारे में जानें।

मानचित्रों का अध्ययन करना कोई अतिरिक्त कार्य नहीं है और इसे आपके अध्ययन अवकाश के दौरान, मनोरंजक कार्य के रूप में किया

जा सकता है। भारत और दुनिया के माइंड मैप्स बनाकर समसामयिकी, भूगोल, विश्व इतिहास, अर्थव्यवस्था आदि के बड़े हिस्से का अध्ययन बहुत सहजता से किया जा सकता है और उन्हें समझने में बहुत मदद मिलेगी। अच्छे मानचित्र बनाने और महत्त्वपूर्ण स्थानों/विशेषताओं का पता लगाने में सक्षम होना, आपके लिए विशेष रूप से जीएस–1 भूगोल/इतिहास और जीएस–3 अर्थव्यवस्था में बहुत उपयोगी होगा।

सफलता की कहानी: नर्स से आईएएस

केरल के एक गाँव के किसान ने सपना देखा। सपना यह था कि उसकी बेटी आईएएस बने। इसी सपने के साथ उसने अपनी बेटियों को बेहतरीन शिक्षा दी और उसके सपने को उसकी बेटी ने सच भी कर दिखाया।

जिस लड़की ने अपने पिता के सपने को सच किया, वो हैं एनीज कनमणि जॉय, जो कि सिविल सेवा परीक्षा 2012 पास करने में कामयाब रहीं। एनीज कनमणि जॉय ने न सिर्फ 2012 में परीक्षा पास की, बल्कि 65वाँ रैंक भी हासिल किया।

ऐसा नहीं है कि एनीज ने यह पहली बार किया, 2011 में भी एनीज ने सिविल सेवा पास की थी। तब उनका रैंक 580 था। उसी के आधार पर एनीज भारतीय अकांउट सेवा के तहत ऑफिसर ट्रेनिंग ले रही थीं।

आईएएस बनने की प्रेरणा कैसे मिली, इस सवाल के जवाब में एनीज कहती हैं, "बचपन से ही पिताजी ने सपना दिखाया था, लेकिन मैंने बचपन से इसकी तैयारी नहीं की थी। वो तो इंटर्नशिप के बाद मैंने इस परीक्षा की तैयारी की।"

एनीज पहली नर्स हैं जो सिविल सेवा परीक्षा पास करने में कामयाब रहीं। क्या उन्हें पता था कि अगर ये परीक्षा पास कर लेती हैं, तो ऐसा करनेवाली वो पहली महिला होंगी। इस सवाल के जवाब में एनीज कहती हैं, "जब मैंने तैयारी शुरू की, तो मैंने सोचा कि किसी आईएएस नर्स से सलाह लेनी चाहिए, लेकिन मैं ऐसी किसी नर्स को नहीं ढूँढ पाई। हालाँकि मुझे इस बारे में पक्का पता परीक्षा पास कर लेने के बाद ही चला।"

"ग्रामीण पृष्ठभूमि खास मायने नहीं रखती। मायने रखता है कि आप में कितना जुनून है, वैसे भी मैं केरल से हूँ, जहाँ पढ़ाई को बहुत जरूरी माना जाता है। आपके लिए यह बड़ी बात हो सकती है कि एक गाँव की लड़की ने इतना बड़ा काम किया, लेकिन मुझे तो सब कुछ साधारण लगता है।"

उनके पिता ने इस खबर पर क्या कहा, इस सवाल के जवाब में एनीज कहती हैं, "जब मैंने पिताजी को फोन पर बताया, तो वो कुछ बोल ही नहीं पाए। हालाँकि मैं उनकी खुशी समझ सकती हूँ।"

एनीज एक खास बात बताना नहीं भूलीं, उन्होंने कहा, "मेरे पिताजी मानते हैं कि पढ़ाई ही वो असल धन है, जो हम अपनी बेटी को दे सकते हैं। भले ही हम किसान परिवार से हैं, लेकिन उन्होंने मुझे बेहतरीन शिक्षा दिलवाई। केरल में एक चलन और है कि यहाँ हर माँ–बाप बच्चों को स्कूल जरूर भेजते हैं।"

एनीज स्वीकार करती हैं कि उन्होंने पिछले दो वर्ष में नौ–नौ घंटे पढ़ाई की है। जब उनसे पूछा गया कि क्या आपको लगता है कि आपने पिछले दो वर्ष में कुछ मिस किया है, तो एनीज ने कहा, "हो सकता है कि कुछ सामाजिक त्योहारों या मुलाकातों से वंचित रही हूँ, लेकिन ऐसा कुछ खास मिस नहीं किया।"

❑❑❑

5

रणनीति, अनुशासन और धैर्य

आईएएस/आईपीएस अधिकारी बनना हर किसी का ख्वाब हो सकता है, परंतु आईएएस/आईपीएस अधिकारी बनने के लिए कठिन मेहनत और संघर्ष करना पड़ता है। सिविल सर्विसेज में सफलता पाने के लिए रणनीति, अनुशासन और धैर्य होना बहुत जरूरी है।

संविधान, आदर्श प्रशासन की संकल्पना में, सिविल सर्विसेज के महत्त्व को रेखांकित करते हुए, देश के हर कोने में व्यवस्था बहाली की कुंजी प्रशासनिक अधिकारियों को देता है। विकास की कोई भी परियोजना हो, जनकल्याण का कैसा भी मसौदा हो, प्राकृतिक आपदा के कितने भी कठिन क्षण हों, पहली प्रतिक्रिया प्रशासन की ओर से ही आती है। ऐसे में कहा जाए कि देश के विकास की शुरुआत सक्षम प्रशासन से ही होती है, तो अतिशयोक्ति नहीं है।

आपने अपने आसपास मुसीबत में फँसे लोगों को देखा होगा और कई बार आपका दिल भी उनके दर्द को देखकर भर आया होगा। पर जेहन में यही सवाल बना रहा कि उनकी परेशानियाँ दूर कैसे की जाएँ? भारतीय प्रशासनिक सेवा, अब तक आपके मन के कोने में पल रहे इस प्रश्न का वाजिब जवाब है। यहाँ काम करते हुए आप अपने समूचे अधिकारों का उपयोग, देशवासियों के कष्ट और उनकी रोजाना की

परेशानियों को हल करने में कर सकते हैं। यहाँ अपने काम से मिले संतोष का कोई मुकाबला नहीं है।

आईएएस/आईपीएस परीक्षा में सफलता का प्रतिशत मात्र 0.2% क्यों?

अकसर आपने सुना होगा कि यह भारत ही नहीं, बल्कि दुनिया की सबसे कठिन परीक्षाओं में से एक है। कुछ लोग तो इसे दुनिया की सबसे कठिन परीक्षा भी मानते हैं। परीक्षा में प्रतिस्पर्धा का स्तर बहुत अधिक है, लेकिन क्या यह इतना अधिक है कि 99.9% आवेदक इसमें असफल हो जाते हैं! खैर, यह परीक्षा कठिन है, यह सच है, लेकिन ज्यादातर उम्मीदवार की अपनी गलतियाँ ही उन्हें असफलता की ओर खींचती हैं।

जैसा कि हमने बताया कि इस प्रतिष्ठित और कठिन परीक्षा में केवल 0.2% उम्मीदवारों को ही सफलता मिलती है। लेकिन इसका मतलब यह नहीं है कि उन 0.2% अभ्यर्थियों के पास कुछ असाधारण हुनर है। लेकिन हाँ, वे उन अन्य उम्मीदवारों से अलग और होशियार अवश्य हैं, जो इस परीक्षा में सफलता प्राप्त नहीं कर सके।

यहाँ हमने परीक्षा में आईएएस/आईपीएस उम्मीदवारों के असफल होने के कुछ कारणों की एक सूची तैयार की है। आइए, उन पर एक नजर डालते हैं।

आसान पाठ्यक्रम एक जाल है—अगर आपने पहली बार परीक्षा के लिए आवेदन किया है और आपको लगता है कि प्रारंभिक परीक्षा का पाठ्यक्रम ज्यादा कठिन नहीं है, तो मैं आपको चेतावनी दे दूँ कि परीक्षा के लिए आईएएस/आईपीएस का पाठ्यक्रम एक हिमखंड की तरह है। सिविल सेवा परीक्षा का पाठ्यक्रम अंतहीन है। यदि आप पाठ्यक्रम को देखकर अपनी तैयारी में देरी कर रहे हैं, तो आपको प्रारंभिक परीक्षा में भी सफलता नहीं मिलने वाली है।

एनसीईआरटी की किताबों की अनदेखी—मुख्य परीक्षा में सफलता प्राप्त करने के लिए वैचारिक ज्ञान होना जरूरी और उसके लिए एनसीईआरटी की किताबें सबसे अच्छी हैं। कई उम्मीदवार इन पुस्तकों

की उपेक्षा करते हैं और कुछ प्रसिद्ध लेखकों की अन्य पुस्तकों को वरीयता देते हैं। हालाँकि ये पुस्तकें आपके ज्ञान को तो बढ़ाती हैं, लेकिन आपके विषय का आधार एनसीईआरटी पुस्तकों द्वारा ही विकसित किया जाएगा। आईएएस की तैयारी के लिए एनसीईआरटी की किताब ही एकमात्र अध्ययन सामग्री नहीं होनी चाहिए, लेकिन हाँ, इसे अपनी अध्ययन सामग्री में शामिल अवश्य करें।

उचित योजना और मार्गदर्शन का अभाव—यूपीएससी की परीक्षा में असफल होने का एक और कारण योजना की कमी है। आईएएस जैसी परीक्षा, जहाँ प्रतिस्पर्धा का स्तर बहुत अधिक है, में एक नंबर भी आपके परिणाम को बदल सकता है। परीक्षा की तैयारी की योजना एक महत्त्वपूर्ण भूमिका निभाती है। कई छात्र अपने लिए एक विषय को इतना अधिक कठिन बना देते हैं कि उनकी सारी ऊर्जा और समय उसी विषय की तैयारी में चला जाता है और वे दूसरों में अच्छा स्कोर नहीं कर पाते। कुछ छात्र योजना तो बनाते हैं, किंतु उस पर टिके नहीं रह पाते, इसलिए इस परीक्षा में असफल हो जाते हैं। योजना का अर्थ केवल समय सारणी से नहीं है, बल्कि परीक्षा के संदर्भ में, यह एक निर्धारित समय के भीतर पाठ्यक्रम के सभी विषयों को तैयार करने की योजना बनाने के बारे में है। अतः अभ्यर्थी योजना बनाएँ और उस पर टिके रहें।

कोई मॉक टेस्ट या टेस्ट सीरीज न लेना—इंटरनेट की विभिन्न साइटों पर कई मॉक टेस्ट सीरीज मुफ्त में या बहुत मामूली शुल्क पर उपलब्ध हैं। ऐसे में, जब आप इन मॉक टेस्ट सीरीज को हल करते हैं, तो वास्तव में आप अपने ज्ञान का परीक्षण करते हैं। यहाँ आपको अपनी कमजोरी और ताकत का पता चलेगा। इन मॉक टेस्ट का दूसरा और सबसे महत्त्वपूर्ण लाभ यह है कि ये समय प्रबंधन में आपकी मदद करते हैं।

जुनून की कमी—आईएएस को अपने करियर विकल्प के रूप में चुनने से पहले ये सोचें कि आप आईएएस/आईपीएस क्यों बनना चाहते हैं? अपने लिए या अपने माता—पिता के लिए या किसी अन्य कारण से।

यह आपको अजीब लग सकता है, लेकिन सच्चाई यह है कि आपका जुनून ही आपको किसी भी परीक्षा में सफलता पाने के लिए सबसे ज्यादा प्रेरित करता है। यदि आप सिर्फ किसी को खुश करने के लिए परीक्षा में शामिल हो रहे हैं, तो इसमें सफलता प्राप्त करना आपके लिए कठिन होगा। आईएएस/आईपीएस के पद के साथ प्रसिद्धि, पैसा, सम्मान और आरामदायक जीवन के साथ काफी कुछ जुड़ा है और यदि आप उनमें से किसी एक के कारण परीक्षा में शामिल हो रहे हैं, तो आप गलत ट्रैक पर नहीं हैं। आपका जुनून परीक्षा पास करने का होना चाहिए, बाकी सब कुछ इस परीक्षा में सफलता के बाद आपके जीवन में आएगा।

कोचिंग कितनी जरूरी?

हमारे देश में आईएएस/आईपीएस परीक्षा काफी महत्त्वपूर्ण मानी जाती है, इसके लिए अकसर अभ्यर्थी कोचिंग लेना पसंद करते हैं। कोचिंग लेने से उनको लगता है कि वे आसानी से इस परीक्षा को पास कर लेंगे। लेकिन सही मायनों में इस परीक्षा को पास करने के लिए कोचिंग की नहीं, बल्कि लक्ष्य निर्धारण, समय–सीमा और धैर्य व लगन सहित कठिन परिश्रम की जरूरत होती है, जिसके बाद ही इस परीक्षा को पास किया जा सकता है। चूँकि परीक्षा की तैयारी के लिए अभ्यर्थियों को कोचिंग पर ज्यादा विश्वास होता है, इसलिए वह शहर की सबसे महँगी कोचिंग से जुड़ने को ही सफल होने का मंत्र मान लेते हैं। जबकि, तैयारी शुरू करने वाले अभ्यर्थी की पहली योजना यह नहीं होनी चाहिए। परीक्षा की तैयारी तो आप घर पर रहकर भी कर सकते हैं।

घर पर यूपीएससी (आईएएस/आईपीएस) की तैयारी

वैसे तो किसी भी परीक्षा में सफलता के लिए कोई समय निर्धारित नहीं किया जा सकता, लेकिन 18 महीने के अथक परिश्रम से अभ्यर्थी इस लक्ष्य तक पहुँच सकता है। लेकिन इसके लिए अभ्यर्थी को समसामयिकी सहित अन्य सामाजिक–आर्थिक–वैश्विक सभी घटनाओं पर अपनी नजर बनाए रखनी होगी, क्योंकि आईएएस/आईपीएस की परीक्षा के लक्ष्य को

तीन पड़ावों को पार करके ही प्राप्त किया जा सकता है। इसमें प्रथम पड़ाव को प्रारंभिक एग्जाम कहते हैं, उसमें समसामयिकी और विषय से संबंधित प्रश्न पूछे जाते हैं। अगर छात्र के पास 60 दिन भी बचे हैं, तो भी सही रणनीति एवं कठिन परिश्रम से लक्ष्य को भेदना नामुमकिन नहीं है।

सेल्फ स्टडी करने वालों के लिए 'वन इयर स्टडी प्लान'

2020 में फैली कोरोना महामारी के बाद हमारे जीवन का तरीका काफी हद तक बदल गया है। सेल्फ स्टडी पहले भी अभ्यर्थियों के लिए महत्त्वपूर्ण होती थी, लेकिन अब तो विद्यार्थी इस पर काफी ज्यादा विश्वास करने लगे हैं। ऐसे में आप भी चाहें तो एक बढ़िया स्टडी शेड्यूल और योजना बनाकर, सेल्फ स्टडी के दम पर यूपीएससी परीक्षा क्वालीफाई कर सकते हैं।

अपने आपको तैयार करें—घर पर यूपीएससी की तैयारी कैसे शुरू करें? यह समझने की कोशिश करने से पहले, आपको खुद को इस यात्रा के लिए तैयार करना चाहिए। परीक्षा की तैयारी शुरू करने से पहले, स्वयं को मानसिक और शारीरिक रूप से तैयार करें। लक्ष्य निर्धारित करें और प्रभावी ढंग से समय समर्पित करें।

सटीक समय सारणी बनाएँ—आईएएस/आईपीएस अधिकारी बनने के लिए आपकी दिनचर्या का एक सुव्यवस्थित दैनिक दिनचर्या वाले अधिकारी की तरह होना आवश्यक है। तैयारी से पहले आपको एक समय सारणी निर्धारित करनी चाहिए और उस पर टिके रहना चाहिए। समय सारणी बनाने से आपकी तैयारी आसान हो जाएगी और पहले से अधिक सुव्यवस्थित भी। समय—सीमा में रहकर आप बेहतर काम कर सकेंगे और पाठ्यक्रम को तेजी से पूरा करेंगे। पाठ्यक्रम में शामिल विषयों का विश्लेषण करें और अपनी ताकत और कमजोरियों को समझें।

सबसे महत्त्वपूर्ण बात यह है कि परीक्षा के पूरे पाठ्यक्रम को अच्छी तरह से समझें। यहाँ पर यह जरूरी नहीं है कि जिस दिन आप परीक्षा की तैयारी करने की योजना बना रहे हैं, उसी दिन आपको उस पाठ्यक्रम

की पूरी समझ होना जरूरी हो, पाठ्यक्रम के विश्लेषण से तात्पर्य यह है कि आप यह निर्णय कर पाएँ कि कौन–कौन से विषय तथा किन–किन बिंदुओं से संबंधित जानकारी आपको रखनी है, कौन–कौन से विषय आपकी परीक्षा में सम्मिलित किए गए हैं।

इसके साथ ही आपको उचित पाठ्य सामग्री भी इकट्ठी करनी होगी। पाठ्यक्रम का ध्यानपूर्वक विश्लेषण और पिछले वर्षों के प्रश्नों का अध्ययन करने से आपको यह अंदाजा हो जाएगा कि सही पाठ्य सामग्री कहाँ से मिल सकती है।

परीक्षा पाठ्यक्रम तथा पुराने प्रश्न-पत्रों को देखने एवं प्रासंगिक पाठ्य सामग्री को इकट्ठा करने के पश्चात, अब बारी आती है स्वयं के लिए एक बेहतरीन और आसान सेल्फ स्टडी प्लान बनाने की। इसके लिए कुछ महत्त्वपूर्ण बातों का ध्यान रखना चाहिए। वह बातें निम्न हैं–

- सेल्फ स्टडी का प्लान बनाते समय सबसे पहले यह तय करें कि परीक्षा में अभी कितना समय शेष है, अगर समय पर्याप्त है, तो आप ज्यादा कठोर स्टडी प्लान न बनाएँ।
- जहाँ तक संभव हो सके, सेल्फ स्टडी प्लान में जरूरी दैनिक गतिविधियों जैसे व्यायाम तथा बाजार के कामों आदि को भी ध्यान में रखते हुए प्लान बनाना चाहिए।
- प्लान बनाते समय पूरे पाठ्यक्रम के प्रत्येक हिस्से को कवर करना चाहिए। पाठ्यक्रम के अलग–अलग हिस्सों को आप कम या ज्यादा समय आवंटित कर सकते हैं, परंतु किसी हिस्से को बाद में कवर कर लेने के लिए प्लान में सम्मिलित नहीं करने की रणनीति घातक हो सकती है, क्योंकि बाद में कैसी परिस्थितियाँ उत्पन्न होंगीं, इसके बारे में हमें पता नहीं होता है और कभी–कभी तो पाठ्यक्रम का वह हिस्सा हम परीक्षा की तिथि तक भी कवर नहीं कर पाते। इसलिए, जरूरी है कि पाठ्यक्रम के प्रत्येक हिस्से को स्टडी प्लान में सम्मिलित करें तथा आवश्यकतानुसार उसको समय आवंटित करें।

- सेल्फ स्टडी प्लान बनाते समय हमें यह कोशिश करनी चाहिए कि वह व्यावहारिक भी हो। बहुत बार ऐसा होता है कि जब हम सेल्फ स्टडी प्लान या समय सारणी बनाते हैं, तो हम उसमें एक विषय को पढ़ने के उपरांत तुरंत अगले विषय का समय निर्धारित कर लेते हैं। ऐसा करने से हम उस समय सारणी को ज्यादा दिनों तक फॉलो नहीं कर पाते, क्योंकि यह प्लान व्यावहारिक (प्रैक्टिकल) नहीं होता है। इसलिए, स्टडी प्लान बनाते समय इस बात का भी विशेष तौर से ध्यान रखें कि लगातार 1 घंटे से ज्यादा का प्लान न बनाएँ।
- पाठ्यक्रम के अलग–अलग हिस्सों को आप अधिकतम 45 से 60 मिनट तक का समय आवंटित करें एवं अगले सब्जेक्ट को या टॉपिक को शुरू करने से पहले कम–से–कम 10 मिनट का गैप जरूर लें। इस गैप में आप अपने मनोरंजन के लिए विभिन्न क्रियाएँ करें।

10वीं के बाद यूपीएससी (आईएएस/आईपीएस) की तैयारी

10वीं के बाद हालाँकि यूपीएससी परीक्षा नहीं दी जा सकती, लेकिन आप तैयारी शुरू कर सकते हैं–

- सबसे पहले एग्जाम की पूरी जानकारी होना जरूरी है।
- एग्जाम में आने वाले पाठ्यक्रम को समझें।
- रणनीति और अध्ययन की सामग्री को इकट्ठा करें।
- एकाग्रता के साथ पढ़ाई करें।
- पढ़ाई के साथ–साथ लेखन करना भी जरूरी है।
- बार–बार मॉक टेस्ट दीजिए।
- रोजाना समाचार–पत्र और मैगजीन पढ़ें।

सफलता किसी को भी आसानी से नहीं मिल जाती, खासकर आईएएस/आईपीएस अभ्यर्थियों को। किसी भी तरह की सफलता पाने के लिए छात्रों को दिन–रात एक कर कड़ी मेहनत करनी पड़ती है। साथ ही

अपने जीवन में ऐसी आदतों को अपनाना पड़ता है, जो उन्हें हर क्षेत्र में सफलता दिलाती हैं।

आईएएस/आईपीएस बनने के लिए 12वीं कक्षा में आर्ट्स लें या साइंस

आजकल जिस तरह की गलाकाट प्रतिस्पर्धा युवाओं में देखने को मिल रही है, उसके कारण हर कोई अपने करियर को लेकर बहुत छोटी आयु में सीरियस हो रहा है। ऐसे में कई अभ्यर्थी इस उधेड़बुन में रहते हैं कि आईएएस/आईपीएस बनने के लिए उन्हें 10वीं के बाद कौन–सा सब्जेक्ट लेना चाहिए, ताकि स्कूल या कॉलेज की पढ़ाई के साथ–साथ, वे परीक्षा की तैयारी भी जल्द–से–जल्द शुरू कर सकें।

दोस्तो, हम सभी को पता है कि स्कूल में दसवीं तक हमें सारे विषयों की पढ़ाई एक साथ करनी होती है और दसवीं पूरी हो जाने के बाद विद्यार्थियों को साइंस स्ट्रीम, कॉमर्स स्ट्रीम या आर्ट्स स्ट्रीम में से, किसी एक स्ट्रीम का चुनाव करना होता है, जिसके बाद कक्षा 11वीं और 12वीं में वह उसी स्ट्रीम के अंतर्गत आने वाले विषयों की पढ़ाई करता है। आप किसी भी स्ट्रीम या विषय के साथ आईएएस/आईपीएस बन सकते हैं। बस जरूरत होती है सही तरीके से मेहनत करने की, परीक्षा की तैयारी करने की, ताकि उसे पास करके आपका आईएएस/आईपीएस बनने का सपना पूरा हो सके।

आपको कौन–से सब्जेक्ट लेने चाहिए, यह आपकी रुचि पर है। अगर आपको विज्ञान में बहुत ज्यादा रुचि है, तो आप विज्ञान से अपनी 11वीं 12वीं की पढ़ाई करें और उसके बाद आईएएस/आईपीएस की तैयारी करें। अगर आपको फाइनेंस और अर्थव्यवस्था में रुचि है, तो कॉमर्स विषय से पढ़ाई कर सकते हैं।

किन अभ्यर्थियों को साइंस विषय लेना चाहिए?

- अगर आपकी विज्ञान विषय में बहुत रुचि है और आप विज्ञान विषय में आगे की पढ़ाई करना चाहते हैं, पर आपको आईएएस/आईपीएस

ऑफिसर बनना है, तो आप अपनी 11वीं और 12वीं की पढ़ाई साइंस विषय से करें।

- विज्ञान में पढ़ाई करने के बाद आप इंजीनियरिंग, मेडिकल या रिसर्च के क्षेत्र में भी जा सकते हैं। अगर आप यूपीएससी की परीक्षा में असफल होते हैं, तो आप इस क्षेत्र में भी अपना एक अच्छा भविष्य बना सकते हैं।
- विज्ञान विषय से पढ़ाई करने का यही सबसे बड़ा फायदा है कि आप इंजीनियरिंग और मेडिकल क्षेत्र में भी एक अच्छा और शानदार भविष्य बना सकते हैं।

किन विद्यार्थियों को कॉमर्स विषय लेना चाहिए?

- अगर आपको अर्थव्यवस्था और फाइनेंस क्षेत्र में बहुत ज्यादा इंटरेस्ट है, तो आप कॉमर्स विषय से अपनी 11वीं और 12वीं की पढ़ाई कर सकते हैं।
- कॉमर्स विषय से पढ़ाई करने के बाद आपके पास और भी बहुत सारे ऑप्शंस रहते हैं, जैसे कि आप सी.ए. बन सकते हैं और इनकम टैक्स डिपार्टमेंट में नौकरी भी कर सकते हैं।
- अगर किसी कारणवश आप आईएएस/आईपीएस की परीक्षा में असफल हो जाते हैं, तो इसके बाद आप फाइनेंस या टैक्स डिपार्टमेंट किसी भी क्षेत्र में नौकरी कर सकते हैं, क्योंकि आपने यूपीएससी की परीक्षा की तैयारी की है, इसलिए किसी अन्य परीक्षा को पास करना आपके लिए इतना मुश्किल नहीं होगा।
- अच्छे से पढ़ाई करने के कारण आपको फाइनेंस और इनकम टैक्स डिपार्टमेंट में भी आसानी से नौकरी मिल सकती है और आप अपना एक अच्छा भविष्य बना सकते हैं।

किन विद्यार्थियों को आर्ट्स विषय लेना चाहिए?

- अगर आपको इतिहास, भूगोल और राजनीति शास्त्र जैसे विषय में बहुत ज्यादा रुचि है, तो आप अपनी 11वीं और 12वीं की पढ़ाई आर्ट विषय

से कर सकते हैं। सिविल सेवा परीक्षा में इन्हीं विषयों से अधिक प्रश्न पूछे जाते हैं। अगर आप 11वीं और 12वीं की पढ़ाई आर्ट्स विषय से करते हैं, तो आपको आईएएस/आईपीएस परीक्षा की तैयारी करने में बहुत ज्यादा मदद मिलेगी।

- आर्ट्स विषय से अच्छे से पढ़ाई करने से, आप अपनी 11वीं और 12वीं के समय से ही आईएएस/आईपीएस की परीक्षा में ज्यादा ध्यान दे पाएँगे, क्योंकि इस परीक्षा की तैयारी में आपको जो विषय पढ़ने होते हैं, वही सारे विषय आपको आर्ट्स स्ट्रीम में पढ़ने होते हैं।
- इसलिए अगर आपको आईएएस/आईपीएस अफसर बनना है और आपको इतिहास और भूगोल जैसे विषयों में बहुत ज्यादा रुचि है, तो आप 11वीं तथा 12वीं की पढ़ाई आर्ट विषय से कर सकते हैं। यह आपको आईएएस/आईपीएस बनने की तैयारी में बहुत ज्यादा मदद करेगा।
- सरकारी नौकरी के लिए जितनी भी परीक्षाएँ आयोजित होती हैं, सब में आपसे आर्ट्स स्ट्रीम के विषय से ही अधिकतर प्रश्न पूछे जाते हैं। अतः आर्ट्स स्ट्रीम से पढ़ाई करने पर आपको अन्य सरकारी नौकरियों की परीक्षाओं में बहुत मदद मिलेगी।

स्कूल–कॉलेज के साथ–साथ यूपीएससी परीक्षा की तैयारी

आजकल के युवा जिस तरह से यूपीएससी परीक्षा की ओर आकर्षित हो रहे हैं, उसे देखकर यह कहना गलत नहीं होगा कि इसकी तैयारी आप जितनी जल्दी शुरू कर दें, उतना अच्छा होगा। हालाँकि इस परीक्षा में उपस्थित होने की अनिवार्यता स्नातक है, लेकिन यदि कोई इसकी तैयारी करने के लिए स्नातक तक प्रतीक्षा करता है, तो वह इस दौड़ में शुरुआत में ही पीछे छूट जाता है। इसलिए आज हम बात करेंगे कि स्कूल और कॉलेज के दिनों में आईएएस/आईपीएस की तैयारी कैसे की जाए?

हमें जीवन में आगे चलकर क्या बनना है, इसकी एक बानगी हमें स्कूल के दिनों में ही मिलने लगती है। जो सीरियस विद्यार्थी होते हैं, वे स्कूल के दिनों से ही अपने भविष्य की तैयारी करने लगते हैं। इसलिए

जो विद्यार्थी भविष्य में सिविल सेवक बनना चाहते हैं, उन्हें अपनी तैयारी स्कूल के दिनों में ही शुरू कर देनी चाहिए।

सबसे अच्छा समय दसवीं पास करने के बाद का होता है। सबसे पहले यूपीएससी परीक्षा के पैटर्न को समझें और उसके पाठ्यक्रम को अच्छे से पढ़ें। यह सब कुछ समझकर पहले से ही इस परीक्षा के लिए रणनीति बनाएँ और पाठ्य सामग्री इकट्ठी करें। दसवीं के बाद से ही आपको समाचार–पत्र और इस परीक्षा से संबंधित मैगजीन पढ़ने की आदत डालनी चाहिए, क्योंकि परीक्षा में समसामयिकी के लिए इनका लगातार अध्ययन करते रहना जरूरी होता है, आपको जितने पहले से इसकी आदत होगी, उतना ही अच्छा है। पढ़ाई के साथ–साथ लेखन का कार्य भी जरूरी है, इसकी प्रैक्टिस भी पहले से ही रखें और आप चाहें, तो दसवीं के बाद से ही इसके मॉक टैस्ट देने शुरू कर सकते हैं। इससे आपको पाठ्यक्रम के साथ–साथ एग्जाम पैटर्न आदि की भी नॉलेज हो जाती है। इस तरह लगातार इसकी तैयारी करते रहने से यूपीएससी परीक्षा में पास होना आसान हो सकता है। इस परीक्षा में हमें बहुत ही मेहनत और समर्पण के साथ पढ़ाई करनी होती है, इसलिए हमें अपनी पढ़ाई के लिए एक दिनचर्या बना लेनी चाहिए, ताकि हम अपना दिनभर का समय, व्यवस्थित तरीके से बिता सकें। दिनचर्या आपके पढ़ने में बहुत मदद करती है। समय–समय पर खुद को यह याद दिलाते रहें कि आपको यह काम किस समय पर करना है और जब आप इस दिनचर्या को फॉलो करते हैं, तब आप अपने समय को बहुत ही व्यवस्थित तरीके से उपयोग कर पाते हैं।

अब समय आता है बारहवीं के बाद का यानी कॉलेज का। असल में, जो बातें दसवीं के बाद से यूपीएससी परीक्षा की तैयारी के लिए जरूरी हैं, लगभग वही बातें बारहवीं के बाद की परीक्षा तैयारी पर भी लागू होती हैं। बारहवीं के बाद आप ग्रेजुएशन में दाखिला लेते हैं, उसमें आप उन विषयों का अध्ययन करें, जो यूपीएससी परीक्षा पाठ्यक्रम के ऐच्छिक विषय हों। भारतीय प्रशासनिक सेवा जैसी प्रतिष्ठित परीक्षा की तैयारी करना किसी रोमांच से कम नहीं है, इसलिए आपको अपनी स्नातक स्तर की पढ़ाई की अवधि के दौरान अपनी जिम्मेदारी को नजरअंदाज नहीं करना चाहिए। यूपीएससी अच्छे स्नातक ग्रेड की सराहना करता है। आपके स्नातक स्तर

की पढ़ाई के दौरान आपके द्वारा चुने गए विषय की जानकारी साक्षात्कार के दौर में काम आ सकती है। स्नातक स्तर के विषय से संबंधित पाठ्यक्रम पर पूरा ध्यान केंद्रित करें, इससे आपके द्वारा चुने गए वैकल्पिक विषयों की तैयारी करने में आपकी मदद हो सकेगी।

आपको पढ़ने के साथ–साथ लिखने का भी अभ्यास करना होगा, क्योंकि प्रारंभिक परीक्षा निकालने के बाद मुख्य परीक्षा देनी होती है, जिसमें काफी लिखना पड़ता है। अतः किसी भी टॉपिक पर लगभग 200 शब्दों में लिखने का प्रयास करें। जितना आप लिखने का अभ्यास करेंगे, उतनी ही आपकी लेखन शैली सुधरेगी और व्याकरण में भी कम गलतियाँ होंगी।

स्नातक कर रहे छात्रों को पूरे तीन वर्ष का समय मिलता है, अतः इन वर्षों का अच्छे से सदुपयोग करना होगा। एक योजना बनाकर पूरे पाठ्यक्रम को पढ़ा जा सकता है, ताकि स्नातक होने के बाद, परास्नातक में ही आईएएस/आईपीएस परीक्षा में सफलता प्राप्त की जा सके।

कठिन विषयों को पहले पढ़ें

सभी का अपना पसंदीदा और गैर–पसंदीदा विषय होता है। देखा गया है कि जो विषय छात्रों को पसंद होता है, वह विषय वे ज्यादा पढ़ते हैं, जबकि कठिन विषय को अनदेखा करते हैं, जबकि उन्हें ऐसा नहीं करना चाहिए। सफल छात्रों की यह खूबी होती है कि वह कठिन विषय पर अधिक ध्यान देते हैं। सबसे पहले उन्हें पढ़ना शुरू करते हैं तथा सरल विषय को बाद में पढ़ते हैं।

नोट्स बनाना जरूरी

यूपीएससी परीक्षा पास करने में नोट्स एक महत्त्वपूर्ण तत्त्व होंगे। आपके हाथ में उचित और प्रभावी नोट्स के बिना, आपका तैयारी में आगे बढ़ना चुनौतीपूर्ण होगा। सूचना के प्रामाणिक स्रोतों से प्राप्त जानकारी के माध्यम से उचित विश्लेषण के साथ नोट्स बनाने का प्रयास करें। ये नोट्स आपके परीक्षा की तैयारी करने में मददगार होंगे, क्योंकि समय की कमी के कारण आप पूरी सामग्री को दोबारा नहीं पढ़ पाएँगे। विभिन्न सरकारी नौकरियों के लिए कई परीक्षाएँ हैं, जो आईएएस/आईपीएस परीक्षा की तरह चुनौतीपूर्ण नहीं हैं। हालाँकि इस परीक्षा की तैयारी के लिए बहुत अधिक प्रयास की आवश्यकता होती है।

सफल छात्रों का एक राज़ यह भी है कि ऐसे छात्र पढ़ाई के साथ अपने नोट्स जरूर बनाते हैं। नोट्स बनाने का बहुत फायदा मिलता है। नोट्स बनाते समय वह विषय आधे से ज्यादा आपको याद हो जाता है और रिवाइज करने पर सब कुछ अच्छी तरह याद आ जाता है, जिससे परीक्षा में अच्छे नंबर आते हैं। इसलिए यदि आप एक सफल छात्र बनना चाहते हैं, तो आपको भी नोट्स बनाने चाहिए।

पाठ्यक्रम के अनुसार पढ़ें

सफल छात्रों का दूसरा राज़ यह है कि वे हमेशा पाठ्यक्रम के अनुसार पढ़ते हैं। पाठ्यक्रम के अनुसार पढ़ने से कोई भी विषय छूटता नहीं है और समय पर पाठ्यक्रम भी पूरा हो जाता है।

पढ़ाई का समय निर्धारित करें

आपको प्रतिदिन निर्धारित समय पर पढ़ाई करनी होगी। इसके लिए आप अपनी योजना बना सकते हैं। आप चाहें, तो सुबह 5 बजे से 9 बजे तक पढ़ाई कर सकते हैं। दोपहर में 12 से 3 बजे तक पढ़ सकते हैं। शाम को 5 से 9 बजे तक पढ़ सकते हैं। वैसे तो पढ़ने का कोई समय नहीं होता है। कभी भी पढ़ सकते हैं, परंतु एक निश्चित समय पर पढ़ना अच्छा होता है।

नियमित पढ़ाई

ज्यादातर छात्र–छात्राएँ आरंभ में तो खूब पढ़ते हैं, पर कुछ ही महीने में उनका जोश ठंडा पड़ जाता है और वे 15 दिन या 1–2 महीने के लिए पढ़ाई बंद कर देते हैं या बहुत कम पढ़ते हैं। यह आदत बहुत–से छात्रों में पाई जाती है, जो सही नहीं है, इससे बचना चाहिए। यदि आप यूपीएससी की परीक्षा में सफल होना चाहते हैं, तो आपको नियमित तौर पर पढ़ना चाहिए।

यदि आप किसी भी तरह की परीक्षा में बैठने जा रहे हैं, तो मॉक टेस्ट आपके लिए बहुत जरूरी हैं। परीक्षा में सफलता पाने के लिए हर महीने आपको मॉक टेस्ट देना चाहिए। इसे प्रैक्टिस सैट भी कहते हैं। इनको हल करने से आपको पता चल जाता है कि आपको पढ़ा हुआ कितना याद रह गया है।

गलतियों से सीखना

आपको अपनी गलतियों से सीखना चाहिए। उदाहरण के लिए, यदि पिछली परीक्षा में कुछ विषयों में आपके बहुत अच्छे नंबर आए थे लेकिन मैथ में आपके नंबर कुछ कम रह गए थे, जिसकी वजह से आपका सिलेक्शन नहीं हो पाया था तो अगली बार आप मैथ विषय में अधिक मेहनत करें और उस परीक्षा को पास कर लें। इसे ही कहते हैं अपनी गलतियों से सीखना।

कोर्स मैटेरियल जानें

किसी भी परीक्षा का मूल होता है उसका पाठ्यक्रम। इससे पहले कि आप किताबें पढ़ना शुरू करें, आपको पहले पाठ्यक्रम को समझना होगा। यह आपको यह तय करने में मदद करेगा कि क्या पढ़ना आवश्यक है और क्या उपेक्षित किया जा सकता है। चूँकि सभी परीक्षाओं के प्रश्न, प्रदान किए गए पाठ्यक्रम से ही होते हैं, इसलिए पाठ्यक्रम की निरंतर जाँच करना अनिवार्य है। इस प्रकार, सभी नए लोगों के लिए प्रारंभिक चरण पाठ्यक्रम और परीक्षा पैटर्न को समझना है। यूपीएससी ने सीएसई की प्रारंभिक और मुख्य परीक्षाओं के लिए एक विस्तृत पाठ्यक्रम प्रदान किया है। छात्रों को परीक्षा देने के लिए पात्रता मानदंड के बारे में भी पता होना चाहिए।

पूर्ववर्ती प्रश्न–पत्र हल करें

प्रश्नों की समझ हासिल करने के लिए आपको पिछले सभी प्रश्न–पत्रों की समीक्षा करने की आवश्यकता है। इससे आपको मुख्य खंड और दोहराए जाने वाले प्रश्नों का अंदाजा हो जाएगा। प्रत्येक प्रश्न के आगे मूल्यांकन की सिफारिश की जाती है, क्योंकि ऐसा करने से आपकी अध्ययन की आदतों को, उन अवधारणाओं और विषयों की ओर निर्देशित किया जाएगा, जिन पर प्रश्न तैयार किए गए हैं। इसके अलावा, पूर्ववर्ती प्रश्न–पत्रों को हल करने से आपको अपनी तैयारी का भी अंदाजा हो जाएगा।

जब आप पिछले वर्ष के प्रश्न–पत्रों का अभ्यास करेंगे, तो आपको पता चल जाएगा कि किन विषयों को गहराई से पढ़ा जाना है। आपको कम महत्त्वपूर्ण विषयों के बारे में भी पता चल जाएगा। पेपर के पैटर्न को समझने के लिए पूर्ववर्ती कम–से–कम दस वर्ष के प्रश्न–पत्रों को हल

करने की कोशिश करें। इससे आपको अपने समय–प्रबंधन कौशल को बेहतर बनाने में भी मदद मिलेगी।

एनसीईआरटी की पुस्तकें पढ़ें

राष्ट्रीय शैक्षिक अनुसंधान और प्रशिक्षण परिषद् (एनसीईआरटी) एक स्वतंत्र एजेंसी है, जिसका मिशन भारतीय स्कूली बच्चों को उच्च गुणवत्ता वाली शिक्षा प्रदान करना है। यूपीएससी परीक्षा के लिए विभिन्न अध्ययन सामग्री उपलब्ध है, लेकिन इसकी शुरुआत एनसीईआरटी की किताबों से करने की सिफारिश की जाती है, जो अवधारणाओं पर सरल शब्दों में चर्चा करती हैं। प्रासंगिक विषयों के लिए, छात्रों को छठी से बारहवीं कक्षा तक की एनसीईआरटी की किताबें पढ़ने की सलाह दी जाती है। चूँकि अकेले एनसीईआरटी आपको आगे नहीं ले जा सकती, इसलिए आपको यह सुनिश्चित करना होगा कि इन पुस्तकों को जल्द–से–जल्द कवर किया जाए। अपनी तैयारी के पहले तीन महीनों के दौरान, उन्हें खत्म करना सबसे अच्छा होगा।

अभ्यास टेस्ट सीरीज

यह अभ्यास आपकी यूपीएससी परीक्षा की तैयारी के अंतिम तीन महीनों का एक अनिवार्य हिस्सा है। प्रारंभिक और मुख्य परीक्षा के मॉक टेस्ट हल करना फायदेमंद होगा। यह आपकी दो तरह से मदद करेगा। सबसे पहले, आपको परीक्षा में पूछे जाने वाले प्रश्नों की प्रवृत्ति के बारे में पूरी जानकारी हो जाएगी। दूसरी बात, आप अपने समय को उसी के अनुसार मैनेज कर पाएँगे। जैसा कि आईएएस टॉपर्स ने कहा है, ये मॉक टेस्ट परीक्षा की तैयारी का एक अभिन्न अंग हैं। नियमित रूप से इनका अभ्यास करने से आपको अपनी गति में सुधार करने, अपनी तैयारी का आकलन करने, अपने प्रतिस्पर्धियों के खिलाफ खुद का मूल्यांकन करने और आत्मविश्वास बढ़ाने में मदद मिलेगी।

संशोधन जरूरी

किसी विषय के हर मिनट के विवरण को याद रखना, एक असंभव कार्य है। बार–बार संशोधन के बिना, आपके सभी प्रयास व्यर्थ हो जाएँगे। इसलिए, संशोधन के लिए कुछ समय निकालना आवश्यक है। सप्ताहांत में सभी विषयों को लंबे समय तक याद रखने के लिए उनका रिवीजन करें। याद

रखें कि मात्र किताबी कीड़ा होने से आपको परीक्षा पास करने में मदद नहीं मिलेगी। पाठ्यक्रम को पूरा करने के अलावा, आपका ध्यान लगातार जानकारी एकत्र करने और अंतर्दृष्टि विकसित करने तथा रणनीतिक रूप से तैयारी करने, समीक्षा करने, अभ्यास करने और सकारात्मक होने पर भी होना चाहिए।

आयु का चयन

यूपीएससी डेटा रिकॉर्ड के अनुसार, यूपीएससी पास करने वाले कैंडिडेट्स की आयु 22 वर्ष से 28 वर्ष की होती है। ऐसे में अगर आप 10वीं के बाद आईएएस की तैयारी करते हैं, तो यह बहुत जल्दी होगी। आपको 12वीं के बाद यूपीएससी की तैयारी करनी चाहिए। जब आप ग्रेजुएशन के फाइनल ईयर में आएँ, तब आप यूपीएससी की तैयारी करने के लिए एकदम परफेक्ट होते हैं।

पाठ्यक्रम की चेकलिस्ट

यूपीएससी ने सिविल सेवा परीक्षा के पाठ्यक्रम को अपने आधिकारिक पोर्टल पर उपलब्ध करा दिया है। सिविल सेवा प्रारंभिक परीक्षा पाठ्यक्रम को आप अपनी चेकलिस्ट के अनुसार हल करते रहें। एक बार जब आप किसी विषय को कवर करते हैं, तो इसे शीट में चिह्नित करें। इसे हर विषय के लिए एक अभ्यास बनाएँ। इसके अलावा, आपको पाठ्यक्रम को बड़े पैमाने पर कवर करना चाहिए और हर विषय को पूरी तरह से हल करना चाहिए।

कम–से–कम समय में यूपीएससी पाठ्यक्रम की तैयारी

आजकल की भागदौड़ भरी जिंदगी में हर कोई बस कम समय का रोना रोता रहता है। यूपीएससी परीक्षा की तैयारी करने वाले भी इसी जुगत में रहते हैं कि वे अपना पाठ्यक्रम कम–से–कम समय में कैसे पूरा कर सकें। हालाँकि यह भी सच है कि इसका पाठ्यक्रम इतना बड़ा है जिसे पूरा करने में आमतौर पर दो वर्ष का समय लगना आम बात है, लेकिन फिर भी स्मार्ट वर्क और सही टाइम मैनेजमेंट की मदद से आप इसे दो वर्ष से काफी कम समय में भी पूरा कर सकते हैं।

यूपीएससी परीक्षा पाठ्यक्रम को दो भागों में बाँटकर तैयारी करनी चाहिए। पहले भाग से मतलब है प्रारंभिक परीक्षा। इसमें दो पेपर होते हैं, पहला जी.एस., (जनरल स्टडीज) और दूसरा सी–सैट का पेपर होता है। दूसरा भाग मुख्य परीक्षा और इंटरव्यू का है। यह बात गाँठ बाँध लें

कि प्रारंभिक परीक्षा हो या मुख्य परीक्षा या फिर इंटरव्यू ही क्यों न हो, कटऑफ मार्क्स के कम होने की उम्मीद नहीं करनी चाहिए। परीक्षा का रिजल्ट इन तथ्यों को प्रमाणित भी करता है, इसलिए बेहतर होगा कि आप अपनी तैयारी में किसी भी तरह की कोई ढील न दें। मेहनत से अपने पाठ्यक्रम की तैयारी करें, जिससे दूसरों से बेहतर कर सकें।

सबसे पहले उन कॉन्सेप्चुअल टॉपिक्स को पढ़ें, जो आपके द्वारा चयनित पाँच कोर विषय हैं। इसके साथ ही आप अपने को सी–सैट के लिए भी परखना शुरू करें। इसके लिए आप पिछले वर्ष का प्रश्न–पत्र हल कर स्वयं का आकलन करें, अगर आप इसमें 100 तक नंबर प्राप्त कर लेते हैं, तो आपको इस भाग की तैयारी अलग से करने की जरूरत नहीं है। अपना समय दूसरे विषयों में लगाएँ।

कई अभ्यर्थी नए सोर्सेज से पढ़ने की कोशिश करते हैं, लेकिन उसके लिए पहले उन सोर्सेज की प्रामाणिकता भी जाँच लेनी चाहिए कि उन पर दी गई विषय सामग्री परीक्षा में पूछे गए प्रश्नों के अनुकूल है भी या नहीं। इसके साथ ही आप कितने चैप्टर और पेज एक दिन में पढ़ते हैं, उसका भी हिसाब रखें। कोर टॉपिक्स पर फोकस करें, क्योंकि कोर टॉपिक्स वर्किंग प्रोफेशनल के लिए भी अच्छे रहते हैं। इसके बाद आपकी बेसिक साइंस एंड टेक. तथा करेंट अफेयर्स की तैयारी साथ में होती है। बाकी एथिक्स की पढ़ाई आप प्रारंभिक परीक्षा के बाद भी कर सकते हैं।

पाठ्यक्रम को कवर करने के बाद मॉक टेस्ट की प्रैक्टिस करनी चाहिए। किंतु मॉक टेस्ट हल करने की भी उचित सीमा होनी चाहिए, क्योंकि बहुत ज्यादा टेस्ट आपकी कीमती ऊर्जा को खत्म कर देंगे तथा कम संख्या आपको परीक्षा के लिए तैयार नहीं कर सकेगी। मॉक टेस्ट के बाद उनका विश्लेषण एक जरूरी अभ्यास है। अच्छे प्रदर्शन से उत्साहित नहीं होना चाहिए तथा खराब प्रदर्शन से निराश। बस अपने आपको लगातार बेहतर बनाने का प्रयास करना चाहिए।

इस परीक्षा में समसामयिकी महत्त्वपूर्ण भूमिका निभाती है। समसामयिकी की तैयारी के लिए रोजाना समाचार–पत्र पढ़ें। साथ ही, साप्ताहिक और मासिक समसामयिकी ऑनलाइन या किसी किताब की मदद

से पढ़ें। हर महीने के अलावा आखिरी छह महीनों की समसामयिकी के लिए किसी छमाही मैग्जीन को भी पढ़ा जा सकता है। दिन में अधिकतम 45 मिनट समाचार–पत्र पढ़ें, इससे ज्यादा वक्त न दें।

पिछले वर्ष के प्रश्न–पत्र तैयारी के लिए रडार की तरह होने चाहिए जो आपकी तैयारी को दिशा प्रदान करते हैं। आपकी बेसिक नॉलेज को बढ़ाने के अलावा, पिछले वर्ष के पेपर आपके मानसिक दृष्टिकोण को विकसित करने में मदद करते हैं। यह आपके सामान्य ज्ञान को बढ़ाते हैं।

पढ़ाई करते समय नोट्स अवश्य बनाएँ। इनसे आपको रिवीजन करने में आसानी होगी। देखा गया है कि यदि हम अपने तरीके से नोट्स तैयार करते हैं और फिर उन्हें दोबारा पढ़ते हैं, तो सभी तथ्य काफी जल्दी याद हो जाते हैं। नोट्स बहुत भारी नहीं होने चाहिए, क्योंकि नोट्स का उद्देश्य पढ़े गए अध्याय के महत्त्वपूर्ण तथ्यों को समेटना तथा परीक्षा के समय उनके माध्यम से पूरे अध्याय का रिवीजन करना होता है। यह आप किसी कोचिंग के मार्गदर्शन में भी कर सकते हैं।

दोस्तो! सबसे जरूरी बात, अपने समय को बहुत सोच–समझकर खर्च करें। याद रखें, आपकी हालत एक ऐसे व्यक्ति की है जिसके पास धन की कमी है और उसी धन में उसे समझदारी से खर्च करते हुए अपना व्यवसाय आगे बढ़ाना है।

वर्तमान स्थिति का ज्ञान

जब आप यूपीएससी की तैयारी करते हैं, तो आपको हर क्षेत्र का ज्ञान होना जरूरी है। आपको समसामयिकी की जानकारी होना अति आवश्यक है, क्योंकि समसामयिकी, यूपीएससी परीक्षा में महत्त्वपूर्ण भूमिका निभाती है, इसलिए प्रत्येक उम्मीदवार को प्रतिदिन समाचार–पत्र पढ़ने की आदत डालनी चाहिए। आपको जरूरी बातों पर ध्यान देने की आदत भी बनानी चाहिए। यूपीएससी प्रारंभिक परीक्षाओं में समसामयिकी से बड़ी संख्या में प्रश्न शामिल होते हैं।

नकारात्मक अंकन

उम्मीदवारों को ध्यान रखना चाहिए कि प्रारंभिक परीक्षा में प्रत्येक गलत उत्तर के लिए एक–तिहाई अंक का नकारात्मक अंकन है। प्रारंभिक परीक्षा

उन्मूलन की परीक्षा है। यदि आप अपने नकारात्मक अंकों को सीमित नहीं करते हैं, तो आपको प्रतियोगिता से बाहर कर दिया जाएगा। आपको गलत उत्तरों को चिह्नित नहीं करने पर ध्यान देना चाहिए। मॉक टेस्ट को हल करने से आपको अपने नकारात्मक अंकों को सीमित करने में मदद मिलेगी।

यूपीएससी परीक्षा में पहले प्रयास में सफल होने की रणनीति

आपने कई ऐसे आईएएस/आईपीएस ऑफिसर्स की सक्सेस स्टोरीज पढ़ी होंगी, जो अपने पहले ही प्रयास में परीक्षा में सफलता प्राप्त करने में सक्षम रहे थे। दरअसल, मेहनत को भी सही तरीके से निर्देशित करने की जरूरत होती है। अगर आप अपनी मेहनत को एकदम सही दिशा में लगाएँगे, तो आपको आईएएस परीक्षा में सफल होने से कोई नहीं रोक सकता है।

यूपीएससी परीक्षा को सेल्फ स्टडी करके भी पास किया जा सकता है। ऐसे कई उम्मीदवार हैं, जो विभिन्न कारणों से आईएएस/आईपीएस कोचिंग जॉइन नहीं कर पाते हैं और ऐसे में स्वयं ही परीक्षा की तैयारी करते हैं। अगर आपने भी आईएएस/आईपीएस ऑफिसर बनकर जनसेवा करने के बारे में ठान लिया है, तो अपनी खास रणनीति बना लें।

पाठ्यक्रम की चेकलिस्ट—यूपीएससी परीक्षा के पाठ्यक्रम की चेकलिस्ट तैयार करें। जो भी टॉपिक पूरा कर लें, उसे लिस्ट पर मार्क करते जाएँ। पाठ्यक्रम को अपनी चेकलिस्ट के अनुसार पूरा करते रहें। ध्यान रहे कि कोई भी विषय आप से छूट न जाए।

अपनी नींव मजबूत करें—कोई फर्क नहीं पड़ता कि आपकी पृष्ठभूमि क्या है। आपके केवल यूपीएससी पाठ्यक्रम के मुख्य विषयों की मूल बातें समझने की जरूरत है, इसलिए एनसीईआरटी की 10–12वीं से संबद्ध पुस्तकें देखें, उन्हें एनसीईआरटी की आधिकारिक वेबसाइट से मुफ्त में डाउनलोड भी किया जा सकता है। नोट्स बनाने से पहले उन्हें कम–से–कम दो बार पढ़ें।

यूपीएससी की तैयारी के लिए बहुत अधिक किताबें जुटाने की जरूरत नहीं है। खास किताबें ही पढ़ें, काफी चीजें इंटरनेट से भी पढ़ सकते हैं। इसके अलावा लिखने का ज्यादा अभ्यास करें। प्रारंभिक परीक्षा से पहले

मुख्य परीक्षा का पाठ्यक्रम पूरा कर लें। इसके बाद दो से तीन महीने पहले प्रारंभिक परीक्षा पर फोकस करना चाहिए, इस दौरान लगातार कई सारे मॉक टेस्ट दें। कई सफल आईएएस/आईपीएस ऑफिसर्स भी अभ्यर्थियों को मॉक टेस्ट देने की सलाह देते हैं। ताकि तैयारी के स्तर का पता चल सके। उनके अनुसार इंटरव्यू से पहले भी मॉक टेस्ट जरूरी है।

दिन में सभी विषयों के लिए समय का निर्धारण कर लें और उस हिसाब से टॉपिक्स को कवर करते चलें। हर रोज सुबह 45 मिनट तक समाचार–पत्र अवश्य पढ़ें। सिविल सर्विस के लिए समसामयिकी की जानकारी बहुत आवश्यक होती है। हर रोज किताबों के साथ–साथ न्यूज पर भी ध्यान दें। कोशिश करें कि एक दिन की भी पढ़ाई मिस न हो। रोजाना पाठ्यक्रम के अनुसार पढ़ाई करते रहें।

परीक्षा के लिए पढ़ाई के साथ–साथ रिवीजन बेहद जरूरी है। कोशिश करें कि हर रोज जिन टॉपिक्स को पूरा किया है, दूसरे दिन उनका रिवीजन जरूर कर लें। इस दौरान नोट्स भी बनाते चलें।

अपने लिए एक ऐसी समय–सारणी बनाएँ, जिससे आप ज्यादा–से–ज्यादा पढ़ाई पर ध्यान दे सकें और दूसरे कामों में समय बरबाद न करें। चाहे जो भी हो जाए, जो समय आपने पढ़ाई के लिए तय किया है, उस समय आपको सिर्फ पढ़ाई ही करनी है। इसके अलावा उस समय किसी भी दूसरे काम में अपना मन न भटकाएँ।

जिंदगी में लक्ष्य बहुत महत्त्वपूर्ण है। आप भी यूपीएससी को पास करना अपना लक्ष्य बना लीजिए। जब भी आप पढ़ाई करें, तो यह मत सोचें कि आपको 4 घंटे या 5 घंटे पढ़ना है, बल्कि यह ठान लें कि मुझे आज यह विषय समाप्त करके ही उठना है। आप अपने लक्ष्य को अपना सपना बना लीजिए, जिसको पाने के लिए आप में जुनून हो, तभी आप इस परीक्षा को पास कर पाएँगे, क्योंकि जो आपके साथ परीक्षा में बैठने वाले या आपके प्रतिद्वंद्वी हैं, वे भी इसी तरह से तैयारी कर रहे होंगे। आपके प्रतिद्वंद्वी ज्यादा होंगे और परीक्षा में चयनित सीटें कम।

यूपीएससी की तैयारी कर रहे अभ्यर्थियों को अपनी रणनीति खुद तैयार करनी चाहिए। इससे आप अपनी क्षमता के अनुरूप तैयारी कर पाएँगे।

हतोत्साहित करनेवाले लोग ज्यादा मिलते हैं। ऐसे में जरूरी है कि स्वयं को सकारात्मक रखते हुए, लगातार तैयारी जारी रखी जाए। असफलता मिलने पर घबराने और निराश होने की बजाय, अपनी रणनीति की समीक्षा करें, और फिर आवश्यकतानुसार उसमें बदलाव करने को भी तैयार रहें।

सफलता की कहानियाँ : कड़ी मेहनत, धैर्य, पढ़ाई, भरोसा, हिम्मत

सोचिए, जब आईएएस बनना इतना मुश्किल है, तो आईएएस टॉपर बनना कितना मुश्किल होगा। आखिर वे कौन–सी खास बातें हैं, जो किसी को इस परीक्षा का टॉपर बनाती हैं? अपने पहले ही प्रयास में आईएएस–2015 की टॉपर बनकर सुर्खियों में आई **टीना डाबी** को तो सभी जानते हैं।

इस परीक्षा में सफलता के लिए वे जिन चीजों पर जोर देती हैं, वे हैं–धैर्य, कड़ी मेहनत, अनुशासित रहना, हिम्मत न हारना, उम्मीद न छोड़ना और खुद पर भरोसा रखना। टीना को पढ़ना पसंद है और वह इस परीक्षा की तैयारी के लिए रोजाना 10–12 घंटे की पढ़ाई करती थीं, यानी सिविल सेवा में सफलता के लिए जो सबसे जरूरी चीज है, वो है कड़ी मेहनत। इसलिए एक बात तो जान लीजिए कि इस परीक्षा में सफल होने का कोई शॉर्टकट नहीं है, जितनी ज्यादा मेहनत, सफल होने के उतने ही ज्यादा आसार।

2014 बैच की आईएएस टॉपर रहीं **इरा सिंघल** इस परीक्षा में सफलता का मंत्र देते हुए कहती हैं– "इस परीक्षा की तैयारी कीजिए, लेकिन कोई उम्मीद मत रखिए, अपना बेस्ट दीजिए और सबसे बड़ी बात यह है कि पूरे पाठ्यक्रम की तैयारी कीजिए, ताकि परीक्षा में आपको कोई सवाल चौंकाने वाला और न पढ़ा हुआ न लगे। इरा कहती हैं कि उन्हें पढ़ने का बहुत शौक है, खासकर वे नॉवेल बहुत पढ़ती हैं। वह कहती हैं कि उनके पास 750 नॉवेल का संग्रह है, जिन्हें वे कभी–न–कभी जरूर पढ़ेंगी। उनके पढ़ने का यह शौक आईएएस की तैयारी के दौरान उनके बहुत काम आया।"

साथ ही, आईएएस में सफल होने के लिए इरा की सलाह है कि इस परीक्षा की तैयारी के लिए सबसे जरूरी है, खुद की कमियों और ताकत के बारे में जानना और उन्हें दूर करना और उनके अनुसार तैयारी करना। इसलिए वह स्वयं की, किसी और से तुलना करने से सावधान करती हैं। वह कहती हैं– दूसरों से अपनी तुलना मत कीजिए, क्योंकि सबकी

क्षमताएँ अलग–अलग होती हैं। ये मत सोचिए कि कोई 15 घंटे पढ़ता है, तो मैं भी उतना ही पढ़ूँ, अपनी क्षमता के मुताबिक तैयारी कीजिए। साथ ही, तकनीक के इस युग में इरा इस परीक्षा की तैयारी में इंटरनेट की भूमिका पर भी जोर देती हैं।

2013 बैच के आईएएस टॉपर रहे **गौरव अग्रवाल** कहते हैं कि गलतियों से सीखना जरूरी है। अगर एक–दो प्रयास में आपको असफलता मिले, तो एक ही गलती को बार–बार दोहराने से बचने के बजाय इस बात का विश्लेषण करें कि आपकी कमियाँ क्या हैं और उन्हें दूर करने का प्रयास करें। इस परीक्षा की तैयारी के दौरान होनेवाले डिस्ट्रैक्शन से बचने के लिए, गौरव स्वयं पर भरोसे की ताकत का मंत्र देते हैं। आज के समय में इंटरनेट की ताकत की बात स्वीकारते हुए गौरव कहते हैं– ''अब आईएएस की तैयारी में किताबों के साथ–साथ इंटरनेट से भी काफी मदद मिलती है।''

2012 बैच की आईएएस टॉपर रहीं **हरिथा कुमार** को अपने चौथे प्रयास में सफलता मिली। वे कहती हैं कि मेरे उदाहरण से साफ है कि असफलता मिलने के बावजूद हिम्मत नहीं हारनी चाहिए। उनके अनुसार इस परीक्षा की तैयारी के लिए टाइम मैनेजमेंट बहुत जरूरी है। उन्हें मलयालम और अंग्रेजी की किताबें पढ़ने का बहुत शौक है। वे कविताएँ और कहानियाँ भी पढ़ती हैं। वह कहती हैं कि अगर आप कड़ी मेहनत के लिए तैयार हैं, तो पूरी कायनात भी आपकी मदद करती है।

2011 बैच की आईएएस टॉपर **शेना अग्रवाल** कहती हैं कि इस परीक्षा की तैयारी करने वाले को एकांत में रहना चाहिए। वह कहती हैं कि उन्होंने अपने पिछले प्रयासों में की गई गलतियों को सुधारा और आईएएस बनने का अपना सपना पूरा किया।

इन टॉपर्स की बातों से जो चीजें निकलकर सामने आती हैं, उनमें कॉमन यह है कि उनकी सफलता के पीछे है–कड़ी मेहनत, धैर्य, पढ़ाई से लगाव, खुद पर भरोसा, हिम्मत न हारना, गलतियों से सीखना और पूरे पाठ्यक्रम की तैयारी।

ये सब कोई अति विलक्षण छात्र नहीं हैं, लेकिन अपने लक्ष्य के प्रति इनका जुनून ही, इन्हें कामयाब बनाता है। यही है सफलता का फॉर्मूला।

❑❑❑

6

दिमाग को सक्रिय बनाए रखना

शरीर की तरह आपके दिमाग का भी बेहतर काम करने के लिए व्यवस्थित रहना जरूरी है। इसके लिए कुछ टिप्स हैं जिनसे न सिर्फ आपका दिमाग तेज गति से काम करने लगेगा, बल्कि परीक्षा के लिए किसी भी पाठ को याद रखना भी आसान हो जाएगा।

आप अपने आपको दिमागी कसरत करने के लिए तैयार करें। दिमागी कसरत शारीरिक कसरत से भिन्न होती है। हमारे देश में शतरंज ईजाद किया गया, तो इसलिए कि यह दिमाग की सबसे कठिन और जोरदार कसरत है। खैर, शतरंज तो सभी नहीं खेलते हैं, लेकिन क्रॉसवर्ड पजल्स या कंप्यूटर पर दिए गए गेम सॉलिटायर को तो लगभग सभी पसंद करते हैं। आप इनसे शुरुआत कर सकते हैं। आप यदि यह भी नहीं करना चाहते हैं, तो आसान तरीका है, साधारण स्तर के गुणा–भाग अथवा जोड़–घटाव करना।

हफ्ते में एक बार कोई कविता या जोक याद करने की कोशिश करें। इससे आपका दिमाग संतुलन में रहेगा और उसकी ताकत भी बढ़ेगी। हमेशा कुछ नया करने की सोच रखिए। नए–नए विचारों को सामने आने दें। इसके लिए एक बच्चे की तरह सोचना ही काफी है, क्योंकि बच्चे सकारात्मक ऊर्जा, विस्मित भाव और उत्सुकता से सोचते हैं।

अपने आपको दिवास्वप्न देखने दीजिए। इससे मस्तिष्क तीक्ष्ण होगा और उसकी ताकत भी बढ़ेगी। अपने आपको केवल एक ही व्यक्ति न बने रहने दें, बल्कि एक ही व्यक्ति में बहुत सारे व्यक्तित्व पैदा करें। जितने अधिक हो सकें, उतने तरीकों से सोचिए।

यूपीएससी की परीक्षा पास करना आपका सपना है या आपकी जरूरत?

आप यूपीएससी की तैयारी तो कर रहे हैं, लेकिन क्या आपने अपने आप से कभी एक सवाल पूछा है कि आपको आईएएस/आईपीएस क्यों बनना है? सवाल फिर से सुनिए, आपको आईएएस/आईपीएस क्यों बनना है? अगर आपके मन में इस सवाल का जवाब क्लियर नहीं है, तो शायद आप एक ऐसे समंदर में गोते लगा रहे हैं, जिसके किनारे पर पहुँचने का तरीका ही आपको मालूम नहीं है। इसलिए एक बार फिर अपने आप से पूछिए, आखिर आपको आईएएस/आईपीएस क्यों बनना है?

उम्मीदवारों के लिए परीक्षा की तैयारी का समय एक चुनौतीपूर्ण अवधि है। इस परीक्षा के विशाल पाठ्यक्रम और कठोर प्रतिस्पर्धा के कारण लाखों परीक्षार्थी प्रारंभिक स्तरीय परीक्षा में ही असफल हो जाते हैं। क्या आप चाहते हैं कि आप भी उनमें से एक हों—जो अपने सपनों को आधे रास्ते में ही छोड़ देते हैं? या फिर आप यह चाहते हैं कि अपने जीवन में एक सिविल सेवक के रूप में पहचाने जाएँ?

यदि आप शीर्ष तक पहुँचना चाहते हैं, तो आपको सर्वश्रेष्ठ प्रदर्शन करना होगा और ध्यान रहे कि चोटी पर पहुँचना कोई आसान काम नहीं है, क्योंकि जैसे—जैसे आप ऊपर जाते हैं, मुश्किलें उतनी ही बढ़ती जाती हैं। अतः आपको स्वयं को एक उच्च व्यक्तित्व के रूप में ढालना होगा और सिविल सेवा अभ्यर्थी के रूप में आईएएस/आईपीएस बनने के इस मिशन को पूरा करने के लिए आगे बढ़ना होगा।

यदि आपका लक्ष्य यूपीएससी जैसी परीक्षा में सफल होना है, तो सबसे जरूरी है कि आप अपने मन से हर तरह के डर को निकाल फेंकें। भय

जीवन में आपको कई चीजों से दूर रखता है। यह डर ही है जो आपको सिविल सेवाओं के बारे में सपने देखने से रोकता है। बहुत–से लोग तो आईएएस/आईपीएस परीक्षा का प्रयास करने के बारे में सोचते तक नहीं हैं। याद रखिए, "ये भय केवल एक मानसिक स्थिति है" जिस पर अचूक तैयारी और कुशल अभ्यास द्वारा विजय प्राप्त की जा सकती है। इसलिए यूपीएससी परीक्षा की तैयारी साहस और उत्साह के साथ करें तथा अपने व्यक्तिगत विकास के लिए भी निरंतर परीक्षण और अभ्यास करते रहें। यह भी ध्यान रखिए कि यूपीएससी इंटरव्यू में, आपका व्यक्तित्व और आपकी संतुलित विचारधारा ही आपकी सफलता की कुंजी है।

एक बार आपके मन से डर निकल गया, फिर बारी आती है अपने आत्मविश्वास को बढ़ाने की। इच्छाशक्ति एक ऐसी जादुई गोली है, जो आपको सफलता की किसी भी ऊँचाई तक ले जा सकती है। आईएएस/आईपीएस बनने के अपने दृढ़ संकल्प पर टिके रहें और अपने भीतर किसी भी प्रकार का वैचारिक असमंजस या संदेह न रखें। अपने ज्ञान के विकास के लिए, अन्य स्रोतों से भी सहायता की आवश्यकता होती है, इसलिए मार्गदर्शन के लिए अपने सीनियर्स व विशेषज्ञों से दिशा–निर्देश लेते रहें।

"नो पेन, नो गेन" की कहावत याद रखें, यानी कड़ी मेहनत और समर्पण के बिना कोई सफलता संभव नहीं है। सफलता के लिए आपको अपनी सुख–सुविधाओं के क्षेत्र से बाहर निकलना होगा और अपने हित के लिए आवश्यक कदम उठाने होंगे। आपके पास जो कुछ नहीं है, उसके बारे में शिकायत करने के बजाय, आपके पास अभी जो कुछ है, उसके लिए सदैव ईश्वर के आभारी रहें। यदि आप अच्छे मन और शरीर के हैं, तो आप निश्चित रूप से इस परीक्षा को उत्तीर्ण करने में सक्षम रहेंगे। आपको केवल सही दृष्टिकोण और आत्मविश्वास की आवश्यकता है, इसलिए हमेशा सकारात्मक और आदर्शवादी बने रहें।

दोस्तो, 1998 में एक इंग्लिश फिल्म आई थी, **अपोलो 13ए**। उस फिल्म में एक डायलॉग है – "failure is not an option." यदि आप

आईएएस/आईपीएस क्वालीफाई करना चाहते हैं, तो आपको इसे अपना ध्येय वाक्य बना लेना चाहिए और मन में हमेशा यही सोचना चाहिए कि चाहे जो भी हो, आपको असफल नहीं होना है। जब कोई आपसे यह पूछे कि आप यूपीएससी की तैयारी क्यों कर रहे हैं, तो आपका जवाब होना चाहिए, क्योंकि यही मेरे लिए सबसे जरूरी है। सफलता–असफलता आपके हाथ में नहीं होती, लेकिन अगर किसी लक्ष्य का पीछा यह सोचकर किया जाए कि इसके बिना कुछ और संभव नहीं है, तो आपकी मेहनत अपने आप रंग लाने लगती है।

क्या औसत विद्यार्थी भी आईएएस/आईपीएस बन सकता है?

सिविल सेवा परीक्षा की प्रतिष्ठा हमारे देश में इतनी अधिक है कि अकसर किसी सिविल सेवक को देखकर हम यह मान लेते हैं कि वे बहुत ही मेधावी विद्यार्थी रहे होंगे। इसमें कोई दो राय नहीं है कि आईएएस/आईपीएस क्वालीफाई करने वाले लोग बहुत वेल इन्फॉर्म्ड और मेहनती होते हैं। लेकिन आप यह जानकर चौंक जाएँगे कि प्रत्येक वर्ष सिविल सेवा पास करने वाले लोगों में ज्यादातर, अपने स्कूल के दिनों में औसत विद्यार्थी थे। इसका मतलब यूपीएससी क्वालीफाई करने के लिए यह जरूरी नहीं कि आप मेधावी विद्यार्थी ही रहे हों।

"Successful people don't do different things, they do things differently"

अर्थात् सफल होने के लिए आपको कुछ अलग करने की आवश्यकता नहीं है, बल्कि काम को अलग अंदाज में करने की कला आनी चाहिए। इस थ्योरी को समझकर जब आप उस पर अमल करेंगे, आपकी सफलता की कहानी उसी समय से शुरू हो जाएगी। अगर आपका एकैडमिक बैकग्राउंड साधारण है या आप कभी कक्षा में टॉप नहीं कर पाए, तो इसका मतलब यह कतई नहीं है कि आप आईएएस/आईपीएस अधिकारी नहीं बन सकते हैं। जरूरत है, तो बस अपनी दिनचर्या में थोड़ा–सा बदलाव और ढेर सारा अनुशासन रखने की।

यूपीएससी का पाठ्यक्रम बहुत ही विस्तृत है और इसे पूरा करने के लिए समय की जरूरत होती है। अगर आप यूपीएससी की तैयारी करने

की सोच रहे हैं, तो सबसे पहले अपने समय का आकलन करें। पूरा पाठ्यक्रम ध्यान से पढ़ें और समझें, फिर यह अंदाजा लगाएँ कि इसे पूरा करने के लिए आपको कितना समय चाहिए। अति आत्मविश्वास में आकर अपने आपको अधिक अनुमानित न करें और न ही आत्मविश्वास कम करके पाठ्यक्रम से हार मानें। बल्कि एक रियलिस्टिक एस्टीमेशन कीजिए और आगे का रोडमैप तैयार कर लीजिए।

यूपीएससी के पाठ्यक्रम को छोटे-छोटे भागों में बाँट लीजिए और एक–एक भाग पर फोकस कीजिए। अपने लिए छोटे–छोटे लक्ष्य निर्धारित कीजिए, क्योंकि यही आपके बड़े–से–बड़े लक्ष्य को प्राप्त कराने में सहायक होंगे। इसमें कोई शक नहीं है कि यूपीएससी का पाठ्यक्रम बहुत बड़ा है, लेकिन यदि आप "divide and conquer" की रणनीति से काम करें, तो इसे आसानी से पूरा कर सकते हैं।

पढ़ते तो सब हैं, लेकिन जो पढ़ा है, उसे कितने अच्छे से लिख पा रहे हैं, यह आवश्यक है। इसके लिए जरूरी है, आंसर राइटिंग प्रैक्टिस की। अतः खूब मॉक टेस्ट दें। हालाँकि ऐसा प्रारंभिक परीक्षा की तैयारी हो जाने के बाद ही करें। वरना जब तक फैक्ट्स याद नहीं होंगे, तब तक मुख्य परीक्षा के आंसर्स में लिखेंगे क्या और उन्हें चेक किससे कराएँगे, इसलिए प्रारंभिक परीक्षा की तैयारी के बाद ही मुख्य परीक्षा के आंसर लिखें। पहले केवल कुछ आंसर लिखें और जब थोड़ी प्रैक्टिस हो जाए, तो पूरे–पूरे पेपर सॉल्व करें। पिछले वर्ष के पेपर देखें, मॉक टेस्ट दें और उत्तर लिखकर देखें कि कहीं कोई कमी तो नहीं है। अगर कुछ कमियाँ रह गई हों तो समय रहते उन्हें दूर करें।

अपने मकसद को पूरा करने की जिम्मेदारी लें और आज को कल पर टालने की प्रवृत्ति से बचें। हमेशा ध्यान रखें कि सफल व्यक्ति खुद पर नियंत्रण रखते हैं और मानते हैं कि अपने परिणामों के लिए केवल वे जिम्मेदार हैं। इसलिए परीक्षा की तैयारी के लिए एक दिन, एक हफ्ते और एक महीने तक स्वयं को ऑर्गेनाइज रखने के

लिए, समय सारणी का उपयोग करें। तैयारी के समय जो विषय आपको सबसे कठिन लगता हो, उसे टालते रहने की बजाय, सबसे पहले पढ़ने का प्रयास करें और दृढ़ निश्चय के साथ अडिग रहें।

यूपीएससी एग्जाम से जुड़े 8 मिथक

जितना बड़ा आईएएस/आईपीएस का पद है, उतनी ही बड़ी है इससे जुड़ी मिथकों की दुनिया। अगर आप आईएएस की तैयारी कर रहे हैं, तो ऐसा हो ही नहीं सकता कि आपको इससे जुड़ी बातें सुनने को ना मिली हों। कई लोग तो वर्षों तक तैयारी करने के बाद भी इन बातों पर यकीन करते रहते हैं और कहीं–न–कहीं यह उनकी तैयारी को भी प्रभावित करती हैं। लेकिन परेशान होने की जरूरत नहीं है, यूपीएससी से जुड़े वे 8 मिथक इस प्रकार हैं–

1. **यूपीएससी परीक्षा सबसे कठिन परीक्षा–**यह मिथक इसलिए सच लगता है, क्योंकि इस परीक्षा में सफलता का अनुपात बहुत ही कम है। हालाँकि, सच्चाई यह है कि परीक्षा के लिए आवेदन करने वाले लाखों उम्मीदवारों में से केवल आधे ही इस परीक्षा में बैठते हैं और उसमें से भी सिर्फ 20 प्रतिशत ऐसे होते हैं, जो गंभीर तैयारी के साथ परीक्षा देते हैं। लेकिन एक सच यह भी है कि यदि आप निरंतर अभ्यास करते रहेंगे, तो आप इस परीक्षा में आसानी से सफलता प्राप्त कर सकते हैं।

2. **प्रतिदिन 16–18 घंटे अध्ययन जरूरी–**आपको बहुत से लोगों ने यह सलाह दी होगी कि यूपीएससी परीक्षा पास करने के लिए हर दिन 15 – 16 घंटे पढ़ना जरूरी है। हालाँकि इसमें कोई दो राय नहीं है कि सिविल सेवा परीक्षा के लिए पढ़ाई को काफी समय देना पड़ता है, लेकिन यह कहना कि इस परीक्षा में सफल होने के लिए प्रतिदिन 16–18 घंटे अध्ययन करना आवश्यक है, पूर्णतः सही नहीं है। सफलता पढ़ाई के घंटों के अलावा अन्य पहलुओं पर भी निर्भर करती है। अभ्यर्थियों की क्षमताओं में अंतर होना स्वाभाविक है। हो सकता है किसी विषय को कोई अभ्यर्थी जल्दी समझ ले और कोई देर में।

इसके अतिरिक्त अगर कोई अभ्यर्थी, कुशल मार्गदर्शन में नियमित रूप से 8 घंटे पढ़ाई करता है, तो उसके सफल होने की संभावना बढ़ जाती है।

3. **सिर्फ एकेडमिक टॉपर्स ही आईएएस/आईपीएस परीक्षा पास कर सकते हैं**–माना जाता है कि सिर्फ एकेडमिक टॉपर्स ही इस परीक्षा को पास कर सकते हैं, लेकिन प्रत्येक वर्ष आईएएस/आईपीएस टॉपर्स की सूची इस मिथक को तोड़ती नजर आती है। कई टॉपर्स नॉन–डिस्क्रिप्ट स्कूल और कॉलेजों से आते हैं, तो कई देश के पिछड़े क्षेत्रों से आते हैं, जिनके पास किसी भी प्रकार के मार्गदर्शन के लिए बहुत कम या कोई गुंजाइश नहीं होती है। कई टॉपर्स औसत अकादमिक प्रदर्शन करने वाले भी होते हैं।

4. **आईएएस/आईपीएस बनने के लिए सब कुछ पता होना जरूरी**–परीक्षा के बारे में एक अन्य मिथक यह है कि परीक्षा में बैठने वाले छात्रों को सब कुछ पता होना चाहिए। निस्संदेह! पाठ्यक्रम विशाल है। लेकिन एक तथ्य यह भी है कि इसका एक अच्छी तरह से परिभाषित पाठ्यक्रम भी तय किया गया है। समसामयिकी विषय थोड़ा अधिक व्यापक हो सकता है, लेकिन सही रणनीति बनाकर उसे भी कवर किया जा सकता है। इस प्रकार, सच्चाई यह है कि परीक्षा में सफल होने के लिए पाठ्यक्रम के अनुसार पढ़ना ही सही तरीका है।

5. **इस परीक्षा को पास करने के लिए भाग्य जरूरी**–इस परीक्षा की तैयारी करने वाले छात्रों में आम धारणा है कि इस परीक्षा को पास करने के लिए भाग्य का होना जरूरी है। यदि आप भाग्य को मानते हैं, तो स्पष्ट रूप से इस बात को समझ लें कि इस परीक्षा को पास करने में भाग्य का योगदान मात्र 1 फीसदी और आपके परिश्रम का 99 फीसदी है। आप अपने हाथों से सफलता के 99 फीसदी अंश को न गवाएँ। यदि आप ईमानदारी से परिश्रम करेंगे, तो भाग्य आपका साथ अवश्य देगा।

6. **उम्मीदवारों को ज्यादा–से–ज्यादा किताबें पढ़नी चाहिए**–आईएएस/आईपीएस उम्मीदवारों को कई किताबें पढ़नी चाहिए, लेकिन उन्हें यह सलाह नहीं दी जाती है कि एक ही विषय पर अधिक–से–अधिक पुस्तकों का संग्रह करें और उन सभी को पढ़ने का प्रयास करें। उन्हें प्रत्येक विषय की सर्वश्रेष्ठ पुस्तकें पढ़नी चाहिए।
7. **कोचिंग के बिना आईएएस/आईपीएस परीक्षा पास करना असंभव**–एक आम धारणा यह भी है कि कोचिंग के बिना आईएएस/आईपीएस की परीक्षा पास करना असंभव है, यह सिर्फ मिथक है। आज के युग में, उम्मीदवारों के लिए कोचिंग कक्षाओं में जाना अनिवार्य नहीं रह गया है। एक बटन के क्लिक पर सब कुछ उपलब्ध है। उम्मीदवार इंटरनेट पर यूपीएससी परीक्षा से संबंधित समसामयिकी पत्रिकाओं, आरएसटीवी कार्यक्रमों आदि के सर्वश्रेष्ठ नोट्स ऑनलाइन और अधिकतर मुफ्त में प्राप्त कर सकते हैं।
8. **हिंदी की तुलना में अंग्रेजी माध्यम के अभ्यर्थी ज्यादा अंक प्राप्त करते हैं**–कहा जाता है कि हिंदी की तुलना में अंग्रेजी माध्यम वाले अभ्यर्थी परीक्षा में ज्यादा अंक प्राप्त करते हैं, यह भी मिथक है। किसी विषय में अच्छे अंक प्राप्त करना, उम्मीदवार की उस विषय में रुचि, उसकी व्यापक समझ, स्तरीय पाठ्य सामग्री की उपलब्धता, अच्छी लेखन शैली एवं समय प्रबंधन इत्यादि पर निर्भर करता है। अभ्यर्थी को वैकल्पिक विषय के रूप में उसी विषय का चयन करना चाहिए, जिसमें वह सहज हो।

परीक्षा का भय त्याग दें

कई विद्यार्थियों को परीक्षा के बारे में सोचकर ही बेचैनी महसूस होने लगती है। मन में कई विचार घूमने लगते हैं, 'क्या मैं सभी प्रश्नों के उत्तर दे पाऊँगा?', 'थोड़ा और पढ़ लेता, तो अच्छा होता' आदि। ये विचार लगभग हर विद्यार्थी को परेशान करते हैं। थोड़ा–बहुत दबाव बेहतर प्रदर्शन के लिए मददगार होता है, इससे शरीर में एड्रेनालाइन हार्मोन स्रावित होता है, जो व्यक्ति को सचेत और केंद्रित बनाए रखता है।

हल्का तनाव या दबाव होना स्वाभाविक है, लेकिन ज्यादा घबराहट परेशानी का सबब बन जाती है। यह व्यक्ति के चारों ओर एक नकारात्मक घेरा बना देती है और फिर वह एकाग्र होकर सोच–समझ नहीं पाता। इसका बुरा प्रभाव प्रदर्शन पर पड़ता है, क्योंकि विद्यार्थी न तो प्रश्नों पर अपना ध्यान केंद्रित कर पाता है और न ही सटीक उत्तर दे पाता है। ऐसे कई उपाय हैं, जिनसे परीक्षा का भय दूर किया जा सकता है, ताकि विद्यार्थी अपना सर्वश्रेष्ठ प्रदर्शन कर सकें।

परीक्षा से पहले

अपना पाठ्यक्रम समय रहते पूरा कर लें और उसका दोहराव भी कम–से–कम एक दिन पहले ही पूरा कर लें। अंतिम समय तक पढ़ते रहने से तनाव बढ़ता है। चित्त स्थिर रखने और मन शांत करने के अलग–अलग तरीके हो सकते हैं, किसी को संगीत सुनने पर सुकून मिलता है, तो किसी को व्यायाम करने से या फिर गुनगुने पानी से स्नान करना भी अच्छा तरीका हो सकता है। अपने लिए हल्का होने का ऐसा ही कोई तरीका चुनें।

परीक्षा के दिन और उससे एक दिन पहले इस तरह के उपाय बहुत फायदेमंद साबित होते हैं। जो कुछ भी आपने पढ़ा है, उसे याद रखने में ये सहायक होते हैं और आत्मविश्वास भी बढ़ता है। परीक्षा केंद्र का रास्ता पता न होना भी घबराहट का कारण बन सकता है। इसके बारे में आप पहले ही जानकारी जुटा लें और संभव हो, तो एक बार स्वयं वहाँ जाकर देख लें। इससे आप अंतिम समय की हड़बड़ी से बच जाएँगे। परीक्षा के नियमों को ध्यान से पढ़ लें। परीक्षा से पहली रात को नींद जरूर पूरी करें।

परीक्षा के दौरान

"मुझे कुछ नहीं आता।" जैसा ख्याल परेशान कर सकता है, यदि पढ़ाई नहीं की हो; लेकिन अच्छे से पढ़ने पर भी ऐसे विचार उत्पन्न होना घबराहट के संकेत हैं। तनाव के कारण विद्यार्थी ध्यान केंद्रित नहीं कर

पाते हैं। कई तो प्रश्न भी ठीक से नहीं पढ़ पाते हैं। इससे बचने के लिए ये उपाय कर सकते हैं–

- परीक्षा कक्ष में सही समय पर पहुँचें।
- कक्ष में पहुँचकर लंबी–गहरी साँसें लें और छोड़ें। घबराहट में अकसर लोग ठीक से साँस नहीं ले पाते हैं। गहरी साँस लेते हुए अपनी पीठ एकदम सीधी कर लें।
- आपके सामने रखी किसी स्थिर, निर्जीव वस्तु (दीवार, तस्वीर आदि) की ओर देखकर, ध्यान केंद्रित करने का प्रयास करें।
- मन में कोई सकारात्मक बात दोहराएँ, जैसे–मैं ये परीक्षा पास करने वाला हूँ। 1–2 मिनट तक यही दोहराते रहें और फिर सामान्य रूप से साँस लें। शांति अनुभव करेंगे।
- प्रश्नों को ध्यान से पढ़ें। यदि परीक्षा के बीच में फिर से घबराहट होने लगे, तो फिर से एकाग्रता के उपाय दोहराएँ।
- प्रश्न–पत्र हल करने की रणनीति तय कर लें। कौन–से प्रश्न पहले हल करेंगे आदि और बिना समय बर्बाद किए उत्तर लिखने शुरू कर दें।

याददाश्त बढ़ाने के उपाय

किसी भी बात को याद रखने के लिए दिमाग उस बात का अर्थ, मूल्य और औचित्य के आधार पर तय करता है। दिमाग की प्राथमिकता भी इसी क्रम में काम करती है। याद रखने की सबसे पहली सीढ़ी है–अर्थ जानना, अतः किसी भी बात को याद रखने के लिए उसका अर्थ जरूर समझिए।

यदि अर्थ ही समझ में नहीं आया, तो रटने का कोई मतलब नहीं है। इसलिए जिस बात या पाठ को याद रखना है, पहले उसका अर्थ समझिए, फिर उसका महत्त्व और मूल्य समझिए। इसके बाद आपके जीवन में उस बात का क्या औचित्य है, यह जानिए।

सफलता की कहानीः मजदूर से आईएएस तक का सफर

एक दिन वह बच्चा अकाल–राहत कार्यस्थल पर मजदूरी कर रहा था, तभी कुछ अधिकारी वहाँ जाँच–पड़ताल करने आए। पता चला वे लोग अपनी रिपोर्ट सबसे बड़े अधिकारी यानी कलेक्टर को देंगे, उसी दिन उसने ठान लिया कि उसे कलेक्टर ही बनना है।

कहने को छोटी–सी, मगर बेहद प्रेरक संघर्षशील गाथा है। संघ लोक सेवा आयोग परीक्षा में 110वीं रैंक हासिल करने वाले 30 वर्षीय हुक्माराम चौधरी की। वे अपने गाँव के पहले आईएएस अफसर हैं।

नागौर के छोटे–से गाँव भेरुंदा के रहने वाले हुक्माराम बताते हैं कि पिता अस्थमा के रोगी थे, इसलिए परिवार की जिम्मेदारी बचपन से उनके कंधों पर आ गई।

हुक्माराम स्कूल जाने के साथ–साथ, खेत सँभालते और गर्मी की छुट्टियों में मजदूरी करते थे। विपरीत परिस्थितियों में भी उन्होंने हार नहीं मानी। 12वीं पास कर कॉलेज की पढ़ाई पूरी की तथा गाँव के बच्चों को ट्यूशन पढ़ाने लगे। उसके बाद एम.एस.सी. की पढ़ाई पूरी की।

स्नातक होते–होते हुक्माराम का शिक्षक भर्ती परीक्षा में चयन हो गया था, लेकिन उनका लक्ष्य आईएएस अफसर बनना था। वर्ष भर दिल्ली में रहकर परीक्षा की तैयारी की और उनकी मेहनत रंग लाई। जब गाँव वालों को उनके आईएएस बनने की खबर मिली, तब पूरे गाँव ने उनके सम्मान में जुलूस निकाला।

हुक्माराम कहते हैं, "लक्ष्य को पाने के लिए ईमानदारी से मेहनत करना जरूरी है।" हुक्माराम ने युवाओं के सामने एक मिसाल कायम की है। मंजिल की राहें कितनी कठिन क्यों न हो, उस पर पहुँचने के लिए कड़ा परिश्रम करना पड़ता है।

❑❑❑

7

सामान्य सफल आदतों का विकास

आईएएस/आईपीएस परीक्षा में सफल होना चाहते हैं, तो सफल लोगों की आदतों को अपने जीवन में अपनाएँ।

सिर्फ जीतने में विश्वास

सफल लोग कभी हार नहीं मानते, सिर्फ और सिर्फ जीतने पर विश्वास रखते हैं। ऐसा नहीं है कि उनके जीवन में मुश्किलें नहीं आतीं या फिर उनको कभी असफलता नहीं मिलती। सभी के जीवन में कठिन परिस्थितियाँ आती हैं। सभी को जीवन में असफलता का सामना करना पड़ता है, लेकिन सफल लोग वहाँ रुकते नहीं है, बल्कि और तेजी से आगे बढ़ते हैं।

कार्य पर फोकस

सफल लोग सिर्फ अपने कार्य पर ध्यान केंद्रित करते हैं। वे यह नहीं जानना चाहते हैं कि दुनिया क्या कर रही है। उनके प्रतिद्वंद्वी क्या कर रहे हैं, जीतने वाले लोग इससे कोई मतलब नहीं रखते। विश्व प्रसिद्ध निवेशक वारेन बफेट कहते हैं, "लोगों को अपने प्रतिद्वंद्वी पर फोकस करने दो, हमें सिर्फ अपने बिजनेस पर फोकस करना है।" इससे स्पष्ट है कि कामयाब लोग सिर्फ और सिर्फ अपनी जीत के बारे में सोचते हैं। सफल लोग जानते हैं कि उनका लक्ष्य उनके जीवन का अहम हिस्सा है।

योजना बनाकर कार्य

जितने भी सफल लोग हैं, अपने सभी कार्य योजना के साथ करते हैं, अपने कार्य में सकारात्मक और नकारात्मक पॉइंट देखते हैं, अपने लक्ष्य को हासिल करने की समय–सीमा निर्धारित करते हैं और सोचते हैं कि उसके लिए मुझे क्या करना पड़ेगा, कितने घंटे कार्य करना पड़ेगा। फिर उसी के अनुसार हर रोज अपने लक्ष्य के लिए कार्य करते हैं। लेकिन साधारण लोगों की कोई प्लानिंग नहीं होती। वे कहीं से भी कोई भी कार्य शुरू कर देते हैं और उनका कोई उद्देश्य भी नहीं होता है। इसी कारण वे कभी सफल नहीं हो पाते।

हर काम को अच्छे से करना

कुछ लोग अपने हर काम में अपना सर्वश्रेष्ठ देने का प्रयास करते हैं, फिर चाहे काम बड़ा हो या छोटा। उनकी यही आदत उन्हें कामयाबी के शिखर पर ले जाती है। आप भी जब कोई काम करें, तो उसमें अपना शत–प्रतिशत देने की पूरी कोशिश करें। याद रखें, कोई भी काम बिना मेहनत के पूरा नहीं होता है, इसलिए शॉर्टकट से बचें और पूरी मेहनत करें।

सदैव कुछ नया सीखना

एक कामयाब व्यक्ति सदैव कुछ नया सीखने की इच्छा खुद में जिंदा रखता है। उदाहरण के लिए, कोई नया खेल, कोई नया व्यंजन या फिर कोई नई भाषा। उनकी हर दिन कुछ नया सीखने की आदत, उन्हें दूसरे व्यक्तियों से अलग और सफल बनाने में मदद करती है। अगर आप भी कामयाब होना चाहते हैं, तो अपने अंदर लगातार सीखने की इच्छा को जगाए रखें।

मजबूत इच्छाशक्ति

कामयाब लोगों की इच्छाशक्ति मजबूत और दृढ़ होती है। यही वजह है कि उनके लिए कोई भी काम नामुमकिन नहीं होता है। अपनी मजबूत इच्छाशक्ति की मदद से वो अपना हर काम संभव बना लेते हैं। उनकी यही आदत उन्हें जीवन में आगे ले जाती है। अगर आपने भी किसी काम को करने की शुरुआत कर दी है, तो फिर उसमें असफलता मिलने पर भी

पीछे न हटें तथा अपनी मजबूत इच्छाशक्ति का परिचय देते हुए तन–मन और धन से लगे रहें, जब तक कि सफलता नहीं मिल जाती।

सकारात्मक सोच

दुनिया में जितने भी सफल और कामयाब लोग हुए हैं, वे अपनी सोच हमेशा सकारात्मक रखते हैं और प्रत्येक काम को सकारात्मक सोच के साथ करते हैं, क्योंकि जैसी आपकी सोच होती है, वैसा ही आपके काम का परिणाम होता है।

सफल लोग हमेशा सकारात्मक सोच रखते हैं। वे कभी भी समस्याओं पर ध्यान केंद्रित नहीं करते, बल्कि अवसर मिलने पर सकारात्मक ऊर्जा के साथ प्रयास करते हैं, जिसके कारण उन्हें जल्दी सफलता मिल जाती है।

सफल होने का सूत्र है–"अपने रवैये को हमेशा सकारात्मक रखें।" वैसे भी किसी महान व्यक्ति ने कहा है कि आप वही बनते हैं, जो आप सोचते हैं, क्योंकि आपकी सोच ही आपका निर्माण करती है।

सक्रियता

सक्रियता का अर्थ है स्वयं के बारे में जागरूकता। आत्मविश्वास और आत्म जागरूकता ही सक्रिय होने की परिभाषा है। एक सक्रिय व्यक्ति अपनी जिम्मेदारी को अच्छी तरह से समझता है और अपने व्यवहार के लिए परिस्थितियों को दोष नहीं देता।

अर्थात् सक्रिय लोग वे हैं, जो अपनी इच्छा के अनुसार अपने लक्ष्य तय करते हैं। ऐसे व्यक्तियों को कोई भी व्यक्ति या समस्या, अपने लक्ष्य से भटका नहीं सकती, क्योंकि ऐसे व्यक्ति किसी और के नहीं, बल्कि अपने ही नियंत्रण में रहते हैं।

अंत को देखकर कार्य की शुरुआत

अंत को ध्यान में रखकर शुरू करने का मतलब यह है कि किसी भी कार्य को शुरू करने से पहले ही उसके अंत की दृढ़ कल्पना कर लेना। जो अंत के प्रति सुनिश्चित होते हैं, वे अपने कार्य में पूरी लगन के साथ जुट जाते हैं, भले ही उनके जीवन में कितनी भी परेशानियाँ आएँ, वे पीछे नहीं हटते हैं। वे जानते हैं कि इस कार्य से उनको क्या मिलने वाला है।

अपनी मंजिल को अच्छी तरह समझकर यात्रा शुरू करने का अर्थ यह समझना है कि आप कहाँ जा रहे हैं। यदि आप बेहतर तरीके से यह जान सकेंगे कि आप वर्तमान में कहाँ हैं, तभी आपके भविष्य के कदम सही दिशा में होंगे।

निर्धारित लक्ष्य पर फोकस

दुनिया में जितने भी महान लोग हुए हैं या इस समय जितने भी महान और कामयाब लोग हैं, वे अपने द्वारा निर्धारित लक्ष्य पर ही पूरा ध्यान देते हैं। सफल लोग कभी भी किसी दूसरे की सफलता देखकर या किसी दूसरे के कहने पर अपना कोई लक्ष्य निर्धारित नहीं करते, बल्कि उनकी अपनी खुद की इच्छा होती है, किसी लक्ष्य को हासिल करने की। हर सफल व्यक्ति के जीवन में कोई–न–कोई लक्ष्य अवश्य होता है और वह दिन–रात अपने लक्ष्य को हासिल करने के लिए कठिन मेहनत करता है। सफल लोग छोटी–छोटी मुश्किलों से अपना लक्ष्य नहीं बदलते, बल्कि मुश्किलों से सीखते हैं।

लगातार सीखना

सीखना एक ऐसी चीज है, जो आपको हर काम में सफल होने में मदद करती है और यह बात सफल लोग अच्छी तरह जानते हैं, इसलिए वे लगातार सीखने पर विश्वास करते हैं। सीखकर आप दुनिया के किसी भी लक्ष्य को हासिल कर सकते हैं। दुनिया के एक बड़े क्रांतिकारी व्यक्ति एलन मस्क, खुद रॉकेट साइंस के बारे में कुछ नहीं जानते थे और न ही उन्होंने रॉकेट साइंस की औपचारिक पढ़ाई की थी। फिर भी किताबें पढ़–पढ़कर स्वयं रॉकेट बना डाला और दुनिया के सबसे अमीर व्यक्ति बन गए। इससे पता चलता है कि अगर कोई व्यक्ति सीखने पर विश्वास रखता है, तो वह हर लक्ष्य हासिल कर सकता है।

समय की पाबंदी

कहावत है कि जो व्यक्ति समय की कद्र नहीं करता, वक्त पड़ने पर समय भी उसकी कद्र नहीं करता है। धन खत्म होने पर व्यक्ति उसे दोबारा अर्जित कर सकता है, लेकिन बीता हुआ समय, दोबारा वापस नहीं आता। कामयाब व्यक्ति वक्त की कद्र करते हुए समय पर सोते हैं, समय पर उठते हैं। वक्त

के पाबंद रहने वालों को बुलंदियों पर चढ़ने से कोई नहीं रोक सकता। इसलिए जीवन में कोई भी काम करें, समय के पाबंद जरूर रहें।

गैर–जरूरी लोगों के बारे में सोचना

जिन लोगों के बारे में सोचने से आपको अपने कार्य में कोई तरक्की या उपलब्धि प्राप्त नहीं होगी, उनके बारे में सोचकर समय बरबाद न करें। आपके परिजन या दोस्त ही ऐसे लोग हैं, जिनके बारे में असलियत में आपको सोचने की जरूरत है। कई बार लोग किसी अभिनेता, अभिनेत्री या ऐसे किसी इंसान के बारे में सोचने लग जाते हैं, जिन तक उनकी पहुँच ही नहीं है।

फोन चेक करना

अकसर देखा जाता है कि वार्तालाप के दौरान लोग लगातार अपना फोन चेक करते रहते हैं, यह बहुत ही खराब आदत है। किसी से बात करते समय बार–बार अपना फोन न देखें। साथ ही, उस दौरान किसी के संदेश का जवाब भी न दें। हालाँकि, ऐसा करने पर सामने वाला कुछ नहीं कहेगा, लेकिन अवश्य ही उसे अच्छा नहीं लगेगा और इससे आपकी बातचीत पर भी नकारात्मक प्रभाव पड़ेगा।

काम के बीच में मेल देखना

कार्य के बीच में फोन के संदेश या ईमेल देखना भी एक ऐसी आदत है, जो आपकी कार्यक्षमता पर विपरीत असर डालती है। हर संदेश, पॉपअप, ट्विट या ईमेल को तुरंत देखने की जल्दबाजी नहीं होनी चाहिए। जिस काम को कर रहे हैं, उसे पूरे ध्यान से करें। कार्य समाप्त कर, फिर संदेश या ईमेल चेक करें।

अच्छे काम के लिए इंतजार करना

किसी काम को करने के लिए तब तक इंतजार करना, जब तक आपको यह न लगे कि आप कामयाब हो जाएँगे, यह सोच गलत है, क्योंकि आप किसी भी काम को शुरू करते समय यह नहीं कह सकते कि आप उसमें कामयाब हो ही जाएँगे। इसलिए काम को शुरू कर देना चाहिए। उसमें सफल होंगे या विफल, ये बाद की बात है।

किसी की बुराई करना

किसी की बुराई करने से आपकी छवि धूमिल होती है। ऐसा करने से कहीं अच्छा है कि आप अपने समय को रचनात्मक या काम की बातों में लगाएँ। इससे न केवल आपके काम में प्रगति होगी, बल्कि आपको दूसरों से सम्मान भी मिलेगा।

न कहना भी शुरू करें

कई बार अपने किसी दोस्त या सहकर्मी को किसी काम के लिए मना करना मुश्किल होता है, लेकिन मना करने में कोई बुराई नहीं है। ज्यादातर लोग इसे समझेंगे और जो नहीं समझेंगे, उनके बारे में ज्यादा सोचने की आवश्यकता नहीं है। यदि आप ना कहेंगे, तो थोड़ी देर के लिए आपको बुरा लगेगा, लेकिन यदि आप हाँ कहेंगे, तो आपको ज्यादा बुरा लग सकता है।

सफलता की कहानीः अंदर एक आग होनी चाहिए

2015 बैच की आईएएस ऑफिसर **दिव्या** कहती हैं, "सिविल सर्विस की परीक्षा में सफल होने के लिए आपके अंदर एक आग होनी चाहिए। आपको स्वयं वह कारण ढूँढना होगा कि आप यह परीक्षा क्यों पास करना चाहते हैं। आपका वही कारण कठिन समय में आपके काम आएगा।"

यदि आप सिविल सेवा परीक्षा की तैयारी कर रहे हैं, तो इस तरह के विचार आपके मन में जरूर उठते होंगे–

- मैं तैयारी करते–करते थक गया हूँ।
- दुनिया से कटा हुआ लग रहा है।
- मुझे तैयारी करने का पर्याप्त समय नहीं मिल पाया।
- सब कुछ छोड़ देने का मन करता है।

अगर हाँ! तो फिर 2015 बैच की आईएएस **दिव्या लोगानाथन** आपकी मार्गदर्शक हो सकती हैं। आईएएस की परीक्षा में उन्होंने ऑल इंडिया रैंक 402 हासिल की और लोकतंत्र के चौथे स्तंभ के एक प्रतिष्ठित क्षेत्र में

कदम रखा। लेकिन उनकी यह यात्रा इतनी आसान भी नहीं थी। चुनौतियों का मुकाबला करने वाली इस महिला को आईएएस की परीक्षा में दो बार असफलता का सामना भी करना पड़ा।

अपने अंदर आग ढूँढें

दिव्या कहती हैं कि सिविल सेवा परीक्षा में सफल होने के लिए आपके अंदर एक आग होनी चाहिए। आपको खुद वह कारण ढूँढना होगा कि आप यह परीक्षा क्यों पास करना चाहते हैं। आपका वही कारण कठिन समय में भी आपके काम आएगा।

परीक्षा में सफल होने के बाद दिव्या कहती हैं, "तैयारी के दौरान मैंने खुद को बहुत गंभीरता से लिया। यह परीक्षा मेरी गरदन पर एक तलवार की तरह लटकी रहती थी। जिस तरह आप अपनी सफलता का जश्न मनाते हैं, उसी तरह आपको यूपीएसी की पूरी यात्रा का भी आनंद उठाना चाहिए।"

समय सारणी बनाएँ और फॉलो करें

चाहे आप दिन में 10 घंटे पढ़ें या फिर 4 घंटे, लेकिन सिविल सर्विस परीक्षा की तैयारी शुरू करने से पहले, एक समय सारणी बनाना बेहद जरूरी है। इससे न सिर्फ आपके अंदर अनुशासन पैदा होता है, बल्कि पूरे कमिटमेंट के साथ तैयारी करने में मदद भी मिलती है। इसके साथ ही यह आपको खराब आदतों से भी बचाता है। इसलिए निर्धारित समय में अपना लक्ष्य हासिल करने के लिए समय सारणी जरूरी है।

छोटे–छोटे स्लॉट में अभ्यास करें

दिव्या कहती हैं, "अगर आप सोचते हैं कि पाठ्यक्रम पूरा होने के बाद अभ्यास करेंगे, तो आपकी यह रणनीति बिलकुल गलत है। तैयारी और अभ्यास एक साथ करने चाहिए। अभ्यास और बार–बार अभ्यास ही, इस परीक्षा में सफल होने का एकमात्र तरीका है। तैयारी करने वाले सभी प्रतियोगी छात्रों को मैं यही सलाह दूँगी कि रोजाना उत्तर लिखने का अभ्यास करें।"

वह बताती हैं कि इसके लिए प्रतियोगियों को हर दिन कुछ समय निकालने की जरूरत है। वह सभी विषयों के लिए टाइम स्लॉट बनाने की सलाह देती हैं, जिसे आसानी से पूरा किया जा सकता है। उदाहरण के लिए, प्रति दिन दोपहर के भोजन के बाद दो प्रश्नों का अभ्यास करें या शाम को दो सवालों का। वह कहती हैं, "इसे आदत में शामिल करें, आप देखेंगे कि अंत में यह कितना आसान हो जाता है।"

खुद के लिए समय निकालें

दिव्या कहती हैं कि प्रत्येक प्रतियोगी को अपनी तैयारी के दौरान अपने लिए भी कुछ समय निकालना चाहिए। अपने तैयारी के दिनों को याद करते हुए वह कहती हैं, "मैंने कभी भी फिल्म देखने के लिए समय नहीं निकाला; काश! मैंने भी फिल्में देख ली होतीं। मुझे अब एहसास होता है कि एक अच्छी फिल्म देखने से व्यक्ति के दृष्टिकोण में कितना बदलाव आता है?

वह प्रतियोगियों को फिल्म देखने के लिए प्रोत्साहित करती हैं। फिल्में न सिर्फ दुनिया के दृष्टिकोण को सामने लाती हैं, बल्कि हमें महत्त्वाकांक्षी भी बनाती हैं। वह कहती हैं, "आपको जानकर हैरानी होगी कि आप अच्छी फिल्में देखकर कितना कुछ सीख सकते हैं और लंबे समय तक इसकी छाप आपके ऊपर बनी रहती है। फिल्में आपको उत्तेजित या प्रेरित करने और राहत पहुँचाने, दोनों में मदद करती हैं।"

ऑनलाइन एजुकेशनल टूल का उपयोग

दिव्या कहती हैं, "ई–लर्निंग टूल में काफी विकास हुआ है और हर किसी को इनका उपयोग करना चाहिए। इन ऑनलाइन टूल का सबसे बड़ा फायदा यह है कि आप इन्हें कहीं से भी एक्सेस कर सकते हैं। हालाँकि यह ध्यान रखना जरूरी है कि इंटरनेट पर उलझकर न रह जाएँ। सीएसई की तैयारी के दौरान समय का अत्यधिक महत्त्व है। इसलिए कोई उपयोगी वेबसाइट ढूँढें और उसी के मैटेरियल को बार–बार पढ़ें। हर दिन नई वेबसाइट ढूँढने में अपना समय बरबाद न करें।"

प्रभावी नोट्स बनाएँ

"तैयारी के दौरान नोट्स बनाते समय ख्याल रखें कि वह अधिक लंबे न हों। प्रत्येक अध्याय के नोट्स अधिक–से–अधिक दो या तीन पेज में समेटने की कोशिश करें, तभी यह प्रभावी होंगे। रिवीजन के दौरान कई पेजों वाले नोट्स पढ़ने का कोई मतलब नहीं होता।"

दिव्या कहती हैं, ''रिवाइज करना उतना ही महत्त्वपूर्ण है जितना कि तैयारी करना, इसलिए मैंने ऐसे नोट्स बनाएँ, जिन पर मेरी मजबूत पकड़ थी।''

अपना रास्ता खुद बनाएँ

"तैयारी शुरू करने से पहले यह समझना जरूरी है कि हर प्रतियोगी को अपनी यात्रा खुद तय करनी पड़ती है। अपनी तुलना किसी और से करने का कोई फायदा नहीं है। हालाँकि अपने मन को नियंत्रित करना आसान नहीं है, लेकिन अपनी तुलना किसी और से करके परेशान न हों। यदि आप अपने पर भरोसा रखकर कड़ी मेहनत करते हैं, आपके लिए सब अच्छा होगा।"

दिव्या कहती हैं, "याद रखें कि प्रत्येक प्रतियोगी का अपना संघर्ष होता है। इसलिए प्रेरणा लेना अलग बात है, लेकिन तुलना करने का कोई फायदा नहीं है। मैं कई बार बहुत निराश होती थी और मुझे लगता था कि जीवन कितना मुश्किल है, लेकिन इससे मुझे काफी नुकसान हुआ। इसलिए सकारात्मक सोचें, आगे बढ़ें और अपनी मंजिल हासिल करें।"

घबराएँ नहीं, हिम्मत से काम लें

परीक्षा नजदीक आने पर दबाव महसूस करना स्वाभाविक है। लेकिन घबराएँ नहीं, हिम्मत से काम लें, और जो आप हासिल करना चाहते हैं, सिर्फ उस पर ध्यान केंद्रित करें।

परीक्षा को सकारात्मक ढंग से स्वीकार करें। परीक्षा क्लियर करने के बाद भी यह न सोचें कि आप मंजिल पर पहुँच गए हैं। वास्तव में यह सिर्फ शुरुआत है और अभी कई अन्य चुनौतियों और निराशाओं का सामना करना पड़ सकता है। अतः अपने आपको सँभालें।

❑❑❑

8

आईएएस/आईपीएस परीक्षा: अपनी रणनीति स्वयं बनाना

सिविल सेवा में सफलता के लिए जो सबसे जरूरी चीज है, वो है आपकी रणनीति। यह ऐसी परीक्षा है, जिसे आप किसी के सहारे से उत्तीर्ण नहीं कर सकते। आपका आत्मविश्वास, आपकी इच्छाशक्ति, आपकी अंत:प्रेरणा ही आपको सफलता तक ले जा सकती है। इस सेवा में सफलता के पीछे अगर आप कोई बहुत बड़ी प्रेरणा लेकर चल रहे हैं, तो वो जरूर आपको मदद पहुँचाएगी। यह प्रेरणा समाज सेवा की हो सकती है, अपने आपको समाज की नजरों में साबित करने की हो सकती है या फिर अपने प्रेम को पाने की।

एक नोटबुक लेकर उसमें सिविल सेवा के बारे में आपको जो भी जानकारी पत्र–पत्रिकाओं से या सफल लोगों के साक्षात्कार से मिलती है, उसे नोट करते चलें। जानकारी प्रासंगिक होनी चाहिए।

अपने वैकल्पिक विषय को पूरी सतर्कता के साथ अपनी रुचि, पाठ्य सामग्री की उपलब्धता, प्रश्नों की प्रकृति, स्कोरिंग जैसे मुद्दों को ध्यान में रखकर चुनें। सुझाव सबसे लें, पर करें अपने मन की। हमेशा ध्यान रखें कि विषय महत्त्वपूर्ण नहीं है, महत्त्वपूर्ण है आपकी उस पर पकड़ और सफलता।

प्रारंभिक और मुख्य परीक्षा के हर हिस्से के लिए रणनीति तैयार करें, देखें कि क्या आपकी ताकत है और क्या कमजोरी। अपनी ताकत पर ध्यान केंद्रित कर रणनीति बनाएँ और अपनी कमजोरियों को धीरे–धीरे घटाते हुए, उन्हें भी अपनी ताकत में बदलने का प्रयास करें।

वैकल्पिक विषय में 225 और सामान्य अध्ययन में कम–से–कम 75 अंक लाने हैं। प्रारंभिक परीक्षा के लिए 100 का लक्ष्य काफी सटीक है। इसी तरह लक्ष्य तय कर, आप उसे प्राप्त कर सकते हैं।

निबंध के लिए भी शुरू से ही तैयारी करते चलें। सामान्य अध्ययन के काफी विषय जो सामाजिक मुद्दों से संबंध रखते हैं, को आप निबंध के रूप में तैयार कर सकते हैं।

तैयारी करते हुए आपका पूरा ध्यान मुख्य परीक्षा पर होना चाहिए। प्रारंभिक परीक्षा के लिए, परीक्षा के पहले के 6 महीने काफी हैं। वैसे यहाँ भी अपनी जरूरत के अनुसार जरूरी फेरबदल कर सकते हैं, पर इस बात का ध्यान जरूर रखें कि प्रारंभिक परीक्षा से पहले आप एक बार मुख्य परीक्षा की तैयारी भी कर चुके हो। यह आपके आत्मविश्वास को मजबूती देगा।

अपने आपको आईएएस/आईपीएस बनने के लिए कैसे तैयार करें?

अगर मैं आपसे यह पूछूँ कि आईएएस बनना इतना मुश्किल क्यों है, तो आपका क्या जवाब होगा? क्या इसके विशाल पाठ्यक्रम के कारण या फिर सफलता की बहुत ही कम संभावना के कारण? या फिर इसके पैटर्न के कारण? यह सभी जवाब कुछ हद तक ठीक हैं, लेकिन इसका सही जवाब है लाइफस्टाइल। हो सकता है कि आपको यह सुनकर थोड़ा अजीब लगे, लेकिन यह बिल्कुल सच है कि आईएएस/आईपीएस बनना मुश्किल इसलिए है, क्योंकि इसके लिए जो जीवन–शैली चाहिए, वह अधिकांश लोग ग्रहण नहीं कर पाते, जिसके कारण वे इस परीक्षा की दूसरी बाधाओं को पार नहीं कर पाते।

आईएएस/आईपीएस बनने के लिए ज्ञान तो किताबों और संसाधनों से प्राप्त किया जा सकता है, लेकिन जीवन–शैली के गुण जैसे आत्म–अनुशासन,

प्रेरणा, समयनिष्ठता जैसे अन्य तथ्यों की जानकारी हमें किताबों से नहीं मिल सकती। इंसान इन गुणों को स्वयं अपने अंदर विकसित करता है और इसके लिए अपनी कुछ आदतों में बदलाव करना आवश्यक है। आज हम ऐसी ही कुछ आदतों के विषय में जानेंगे।

पढ़ने की आदत डालना–सीसैट परीक्षा के लगातार बढ़ते हुए पाठ्यक्रम और यहाँ तक कि विषय विशेष पेपर के व्यापक पाठ्यक्रम से पार पाने का एकमात्र रास्ता यही है कि आप पढ़ने की आदत विकसित करें। पढ़ने की यह आदत आप पर थोपी नहीं जा सकती, यह स्वाभाविक रूप से होनी चाहिए। इसलिए यदि आप आईएएस/आईपीएस की परीक्षा की तैयारी कर रहे हैं, तो किताबी कीड़ा होना निश्चित रूप से आपके पक्ष में होगा। इसके अलावा आपको अलग तरह की किताबें पढ़ने की भी कोशिश करनी चाहिए। अपने पढ़ाई के कार्यक्रम में अलग–अलग प्रकार की किताबों को शामिल करें और पढ़ने की आदत में विविधता लाएँ।

इंटरनेट का सही इस्तेमाल–आज के समय में इंटरनेट एक ऐसा माध्यम है, जिसकी मदद से आप जो चाहे जानकारी हासिल कर सकते हैं। लेकिन इसके सही इस्तेमाल से, नहीं तो आप इसके गुलाम बनकर रह जाते हैं और अपने बहुमूल्य समय की बरबादी के अलावा और कुछ नहीं करते। अधिकांश उम्मीदवार इस बात पर ध्यान नहीं देते कि सरकारी वेबसाइट्स नीतियों, योजनाओं, कार्यक्रमों, डेटा और रिपोर्टों का सरल, सुगम स्रोत है। इन वेबसाइट्स का अध्ययन कर आप जो सूचनाएँ पाएँगे और जो समझ विकसित करेंगे, वह प्रारंभिक और मुख्य परीक्षा दोनों के लिए लाभदायक रहेगी। साथ ही, आईएएस/आईपीएस के उम्मीदवारों के लिए खास तौर पर बनाई गई वेबसाइटों के अलावा आप यूट्यूब, गूगल न्यूज, विकिपीडिया और ऐसी ही अन्य वेबसाइटों या वैकल्पिक स्रोतों का भी प्रयोग कर सकते हैं।

प्रॉब्लम सॉल्विंग एटीट्यूड–परीक्षा में सफल होने के लिए ही नहीं, आईएएस/आईपीएस अधिकारी के रूप में काम करने के दौरान भी आपको प्रॉब्लम सॉल्विंग स्किल की दरकार होगी। आपके सामने कई चुनौतियाँ

आएँगी, जिनसे आपको नई–नई तकनीकों से निपटना होगा। आपको वृहद पाठ्यक्रम, टाइम मैनेजमेंट, उचित/अनुचित संसाधनों तथा समाज का प्रेशर आदि चुनौतियों से जूझना पड़ सकता है। इन परिस्थितियों में आपका प्रॉब्लम सॉल्विंग एटीट्यूड ही काम आएगा।

अपने अध्यापक खुद बनें–यूपीएससी की तैयारी करना बहुत लंबा और थका देने वाला काम है। इसका पाठ्यक्रम मानो लगातार बढ़ता ही जाता है। ऐसे में किसी एक टीचर/गाइड/मेंटर या किसी एक कोचिंग क्लास मैटेरियल पर निर्भर रहने से बात नहीं बनने वाली। आपको अपना टीचर स्वयं बनना होगा। अतः खुद ही प्रश्न तैयार करें और रेफरेंस तथा स्टडी मैटेरियल के इस्तेमाल से उनके उत्तर तलाशें। टीचर और स्टूडेंट दोनों की भूमिका खुद निभाने से आपके भीतर आत्मविश्वास का संचार होगा,जो परीक्षा में और उसके बाद भी काम आएगा।

प्रतिबद्धता और समर्पण–यूपीएससी में सफलता का सफर बहुत लंबा और मुश्किल है। आपकी प्रतिबद्धता ही इस सफर को पूरा करने में आपके काम आएगी। आपके सामने ऐसी कई चुनौतियाँ और समस्याएँ आएँगी; जिनसे आपके कदम डगमगा सकते हैं। लेकिन तमाम चुनौतियों के बावजूद यह भी सच है कि प्रत्येक वर्ष कुछ उम्मीदवार अपनी इच्छाशक्ति के बल पर इस परीक्षा को क्रैक कर ही लेते हैं। इसके लिए जरूरी है कि आपको खुद पर विश्वास हो और अपने लक्ष्य के प्रति आप में समर्पण हो।

आईएएस/आईपीएस का पहला प्रयास कब करना चाहिए?

सिविल सेवा परीक्षा एक खुला मैदान है, जहाँ हर किसी को अपनी दावेदारी पेश करने का अधिकार है। हमारे देश के कई युवा आईएएस/आईपीएस बनने का सपना देखते हैं और अपनी किस्मत आजमाते हैं; लेकिन सफलता बहुत ही कम लोगों को मिलती है। जानते हैं क्यों? क्योंकि वे बिना तैयारी या अधूरी तैयारी के साथ इस परीक्षा में बैठ जाते हैं। भीड़ कम करने के लिए यूपीएससी ने हर कैंडिडेट के लिए नंबर ऑफ अटैम्प्ट को फिक्स कर दिया है। अतः जो लोग बिना तैयारी के परीक्षा देते हैं, वे अपने एक के

बाद एक प्रयास को व्यर्थ कर देते हैं, जबकि कुछ कैंडिडेट पहले प्रयास की सीरियसनेस को समझते हुए परीक्षा में बैठते हैं। मगर यह कैसे तय होगा कि पहला प्रयास कब करना चाहिए?

12वीं के बाद आपको ये डिसीजन ले लेना चाहिए कि आपको सिविल सेवा में जाना है। सिविल सेवा की तैयारी के लिए कम–से–कम 2 से 3 वर्ष का समय लगता है। इसलिए ग्रेजुएशन के दिनों से ही इसकी तैयारी शुरू कर दें। इस परीक्षा की तैयारी की शुरुआत एनसीईआरटी की किताबों से करें। इसके अलावा सिविल सेवा परीक्षा का पूरा पाठ्यक्रम अपने साथ रखें और उसके अनुसार ही तैयारी करें।

ज्यादातर कैंडिडेट ग्रेजुएशन के ही किसी विषय को परीक्षा के मुख्य चरण के लिए वैकल्पिक विषय चुनते हैं। इससे आपको आसानी रहती है, क्योंकि आप ग्रेजुएशन के साथ इस विषय को पूरे तीन वर्षों तक पढ़ते हैं। इसके अलावा दूसरे चयनित वैकल्पिक विषयों के लिए आप स्टडी मैटेरियल का चयन कर सकते हैं या फिर एक्सपर्ट की सलाह ले सकते हैं।

अब सवाल यह उठता है कि इन दो–तीन वर्षों में क्या करना चाहिए, जिससे कि आप अपने पहले प्रयास के लिए पूरी तरह तैयार हो सकें।

तैयारी शुरू करने से पहले अपने आपको परीक्षा के लिए मानसिक और शारीरिक रूप से तैयार करें। लक्ष्य निर्धारित करें और प्रभावी ढंग से समय समर्पित करें। आपको अपनी तैयारी से पहले एक आरामदायक, किंतु निश्चित समय सारणी निर्धारित करनी चाहिए और उस पर काम करना चाहिए। समय सारणी बनाने से आपकी तैयारी आसान और अधिक सुव्यवस्थित हो जाएगी। समय–सीमा के साथ आप बेहतर काम करेंगे और पाठ्यक्रम को भी तेजी से पूरा कर पाएँगे।

आपको सिविल सेवा परीक्षा के पाठ्यक्रम को समझना और उसका पालन करना चाहिए। पाठ्यक्रम को जानने से आपको प्रासंगिक अध्ययन सामग्री चुनने तथा विषयों को प्राथमिकता देने आदि में मदद मिलेगी।

आप कॉलेज में अपने समय का उपयोग अन्य विषयों के छात्रों के साथ, विभिन्न मुद्दों पर गहन विचार–विमर्श करके, विभिन्न विषयों का ज्ञान प्राप्त करने के लिए कर सकते हैं। लेखन और संवाद कौशल को सुधारने के लिए विश्वविद्यालय एक उत्कृष्ट स्थान होता है जहाँ आप निबंध लेखन, वाद–विवाद, विश्वविद्यालय पत्रिका के लिए काम करने या एनएसएस में शामिल होने जैसी विभिन्न प्रतियोगिताओं में भाग ले सकते हैं।

पढ़ाई के लिए आपको एनसीईआरटी की पुस्तकों का अध्ययन करना चाहिए और किसी भी अन्य किताब को पढ़ने से पहले एनसीईआरटी को कम–से–कम दो बार पूरा पढ़ लेना चाहिए। आपको अपने खुद के नोट्स भी तैयार कर लेने चाहिए, जो परीक्षा के नजदीक आने पर रिवीजन में आपकी सहायता करेंगे।

आपको प्रारंभिक परीक्षा और मुख्य परीक्षा की तैयारी एक साथ करनी चाहिए। मतलब, आपको उत्तर लेखन अभ्यास भी पढ़ाई के साथ–साथ करना चाहिए। हाँ, जब परीक्षा नजदीक आ जाए, तो आप सिर्फ प्रारंभिक परीक्षा की तैयारी कर सकते हैं।

परीक्षा से पूर्व मॉक टेस्ट से अभ्यास करना भी फायदेमंद रहता है। जितना ज्यादा अभ्यास आप घर पर करेंगे, परीक्षा भवन में आप उतने ही सहज रहेंगे।

यह सब करते–करते दो वर्ष का समय आसानी से निकल जाएगा, अब तक आपकी तैयारी भी पूरी हो चुकी होगी। तो दोस्तो, पहला प्रयास करने से पहले आपको कम–से–कम दो वर्ष तक गंभीर तैयारी करनी चाहिए।

वैकल्पिक विषय का चयन

कुछ विषय अधिक स्कोरिंग होने के कारण एवं सामान्य अध्ययन एवं निबंध में अधिकतम प्रतिनिधित्व के कारण चयनित किए जा सकते हैं, जैसे भूगोल, राजनीति विज्ञान, लोक प्रशासन, इतिहास एवं समाजशास्त्र–जो सरल

भी हैं एवं सामान्य अध्ययन के प्रश्न–पत्र में मददगार भी सिद्ध होते हैं। विशेषकर प्राथमिक परीक्षा में भूगोल क़े 30–35 प्रश्न होते हैं, जबकि मुख्य परीक्षा में भूगोल, इतिहास एवं राजनीति शास्त्र में से प्रत्येक से 120 अंक के प्रश्न पूछे जाते रहे हैं। निबंध लेखन में अधिकतर प्रश्न समाजशास्त्र, भूगोल, इतिहास एवं अर्थव्यवस्था से पूछे जाते रहे हैं।

माध्यम का चुनाव

भाषा के आधार पर सिविल सेवा परीक्षा में भेदभाव नहीं किया जाता। अतः अंग्रेजी एवं हिंदी दोनों माध्यम से ही समान रूप से सफलता प्राप्त होती है। परंतु हिंदी माध्यम में सफलता का प्रतिशत कम होने का कारण है पाठ्य सामग्री का अभाव और उसका अप्रामाणिक एवं सतही होना। सिविल सेवा के मॉडल प्रश्न एवं उत्तर, अंग्रेजी की मानक पुस्तकों पर आधारित होते हैं, अतः हिंदी माध्यम के छात्रों को इन पुस्तकों का भी अध्ययन करना पड़ता है।

विज्ञान विषय की अहमियत

विज्ञान विषयों का सिविल सेवा परीक्षा में प्रचलन निरंतर कम होता जा रहा है, इसका कारण है बड़ा पाठ्यक्रम एवं विषयों की जटिलता। विज्ञान के छात्रों को ऐसे विषयों का चयन करना चाहिए, जिनमें विज्ञान के मूल सिद्धांत का प्रयोग हो, परंतु विषयवस्तु व्यावहारिक एवं आम जीवन से संबंधित हो, जैसे भूगोल, जो विज्ञान एवं कला को जोड़ता है।

साक्षात्कार की तैयारी

साक्षात्कार के संदर्भ में भी एक भ्रम है कि यह उम्मीदवार के ज्ञान का परीक्षण होता है, जबकि वास्तविक रूप में यह व्यक्तित्व का आकलन है, जिसमें आपकी कार्यकुशलता तथा नैतिक कौशल को परखा जाता है। इसमें कहीं–न–कहीं उम्मीदवार के मनोविज्ञान का एवं वर्तमान की घटनाओं के प्रति संवेदनशीलता तथा विवेकपूर्ण निर्णय लेने की क्षमता का भी परीक्षण होता है। साक्षात्कार में क्षेत्रवाद जैसी संकीर्ण सोच के स्थान पर राष्ट्रवादी विचारों को रखना चाहिए।

समय को पकड़ें

किसी भी परीक्षा की तैयारी में समय प्रबंधन का बहुत बड़ा स्थान होता है। इतने कम समय में नौ प्रश्न–पत्रों की तैयारी आसान नहीं है। लेकिन इसे आसान बनाया जा सकता है समय प्रबंधन से। अभ्यर्थी अपनी क्षमता के अनुरूप समय प्रबंधन अपना सकते हैं। मुख्य परीक्षा के लिए प्रतिदिन कम–से–कम दस घंटे का समय पढ़ाई को अवश्य दें। विषय के विस्तृत होने के कारण प्रतिदिन चार घंटे का समय सामान्य अध्ययन के लिए निर्धारित करें।

लेखन–अभ्यास

कई बार ऐसा होता है कि प्रश्न का उत्तर जानने के बावजूद आप लिख नहीं पाते हैं। इसकी दो वजह हैं, लिखने में पिछड़ जाना या प्रश्न के उत्तर देने में समय प्रबंधन का अभाव। लिखने में पिछड़ने का मतलब है कि समय के अनुसार अपनी लेखन गति को न बढ़ा पाना। इसको दूर करने के लिए स्वयं के तैयार किए गए या किसी पुस्तक या पत्रिका में दिए गए मॉडल प्रश्न–पत्र को निर्धारित समय में हल करने का अभ्यास करना चाहिए। समय प्रबंधन के अभाव या शब्द सीमा का पालन नहीं करने से भी परीक्षा में प्रश्न छूट जाते हैं। उलझन व भटकाव से बचते हुए प्रश्नों के सटीक उत्तर दें।

सफलता की कुछ अचूक आदतें

- उत्तर को प्रभावी बनाने के लिए संभावित प्रश्नों से जुड़े पहलुओं के बारे में साहित्यकारों के कथन व उद्धरणों का प्रयोग करें।
- लेखकों/रचनाकारों की मूल रचनाओं का विशद् अध्ययन करें।
- छोटे–छोटे नोट्स व व्याख्या पर ध्यान दें।
- समय प्रबंधन कर तनावमुक्त रहने की कोशिश करें।
- हिंदी के प्रश्न–पत्र में व्याकरण संबंधी अशुद्धियाँ न हों, इस बात पर विशेष ध्यान दें।

- परीक्षा में आए ऐसे प्रश्न, जिनमें आप सहज नहीं हैं, में, मानसिक संतुलन बनाए रखते हुए अपनी जानकारी का इस्तेमाल करें।
- सटीकता पर जोर दें। अधिक आलंकारिक भाषा लिखने के फेर में समय बर्बाद न करें।
- उत्तर देते समय भाषा के प्रवाह में निरंतरता बनाए रखने के लिए पढ़ने व लिखने का ज्यादा–से–ज्यादा अभ्यास करें।
- अभ्यास हेतु हल किए गए प्रश्नों की सत्यता व सटीकता जाँचने के लिए अच्छे मार्गदर्शक का सहयोग लेना चाहिए।
- पाठ्यक्रम परिवर्तन के बाद जुड़े अध्यायों पर विशेष ध्यान देना चाहिए।
- लेख की निष्पक्षता हेतु सकारात्मक व नकारात्मक पहलुओं में संतुलन बनाए रखने के लिए, दोनों ही पक्षों को सही तरीके से आत्मसात करें।
- समसामयिक घटनाओं पर नजर रखते हुए, उनसे जुड़े पहलुओं पर भी विशेष ध्यान दें।
- प्रशासनिक कार्यों से जुड़े संवैधानिक पहलुओं को नजरअंदाज न करें।
- लेखन को प्रभावी बनाने के लिए विद्वानों की पुस्तकों के नाम, उनके सिद्धांत व सिफारिशों का उल्लेख अवश्य करें। इसके लिए कुछ सिद्धांतों व विद्वानों का एक संकलन तैयार कर सकते हैं।
- परीक्षा में उत्तर देते समय मूल्यांकन स्वयं का होना चाहिए, लेखकों या विद्वानों का नहीं।
- विगत वर्षों के प्रश्नों का विश्लेषण कर मुख्य खंड की पहचान करें और साथ ही प्रश्नों के स्वरूप को पहचानें।
- सभी प्रश्नों का उत्तर प्रारूप तैयार कर लें तथा उसी के अनुरूप अभ्यास करें।
- प्रामाणिक तथ्यों का सही संकलन करें, क्योंकि गलत तथ्यों का नकारात्मक प्रभाव होगा।

- दो अंकों के प्रश्नों और शॉर्ट नोट्स के लिए विशेष तैयारी करें। इसमें लगभग सौ प्रतिशत अंक मिलते हैं।
- मॉडल प्रश्न–पत्रों को हल करते समय उत्तर, प्रश्नों के अनुसार सटीक देने का अभ्यास करना चाहिए।
- लेखन शैली इस तरह से विकसित करें कि आपके उत्तर में सिविल सेवक की मानसिकता व व्यापक सोच की झलक मिले।
- भाषा के प्रवाह के साथ प्रश्नों में निहित एक से अधिक आयामों को जोड़ने का प्रयास करें, जिसके लिए नियमित रूप से समाचार पत्र व पत्रिकाएँ पढ़ें व महत्त्वपूर्ण तथ्यों के नोट्स बनाएँ।
- विगत वर्षों के प्रश्नों का सही विश्लेषण करके महत्त्वपूर्ण खंड या प्रश्न को चिह्नित कर लें, पूरे पाठ्यक्रम की तैयारी करना आसान हो जाएगा।
- लेखन में मौलिकता लाने के लिए विषय की मूल भावना से परिचित होने पर विशेष ध्यान दें। इससे विश्लेषण क्षमता भी बढ़ेगी।
- चूँकि प्रश्न वर्णनात्मक प्रकार के होते हैं, अतः लिखने का नियमित अभ्यास ज्यादा जरूरी है।
- उत्तर को पूर्ण तथ्यात्मक रखें। भटकाव की आशंकाओं से बचने के लिए उत्तर को मूल संकल्पनाओं एवं विचारों के करीब रखें। प्रश्नों के उत्तर देने में किसी भी तरह के पूर्वाग्रह से बचें। ऐसा करना घातक सिद्ध हो सकता है।
- तैयारी करते हुए महत्त्वपूर्ण विषयों व परीक्षा के लिहाज से उनकी महत्ता का भी ध्यान रखें।
- प्रश्नों का उत्तर देते समय, समय–सीमा का विशेष ध्यान रखें। किसी एक उत्तर पर अधिक समय, दूसरे उत्तर के लिए आपके समय को कम कर देगा।
- मुख्य परीक्षा में सतही ज्ञान के लिए अंक नहीं दिए जाते हैं, इसलिए सभी पहलुओं के समीक्षात्मक अध्ययन पर जोर दें।

- सिर्फ तथ्यों का संकलन करना पर्याप्त नहीं है, विश्लेषणपरक दृष्टिकोण विकसित करें।
- संभावित व महत्त्वपूर्ण अध्याय के संक्षिप्त नोट्स बना लें।
- नोट्स लिखने का अधिक–से–अधिक अभ्यास करें।
- अपने कॉन्सेप्ट को अधिक–से–अधिक सरल भाषा में व्यक्त करने पर जोर दें।
- विषय में मानचित्र से जुड़े प्रश्न भी पूछे जाते हैं, इसलिए उसके लिए विशेष रूप से तैयारी करनी चाहिए।
- विषय से संबंधित विशेषज्ञों से बातचीत करें, इससे उत्तर देने में स्पष्टता आएगी। पूर्व परीक्षाओं में पूछे गए प्रश्नों का अधिक–से–अधिक अभ्यास करें।

सफलता की आदतें

लक्ष्य के प्रति निष्ठा, निरंतर परिश्रम करने की क्षमता, कम–से–कम एक वर्ष का निरंतर अध्ययन, वैकल्पिक विषयों का सही चयन, प्रामाणिक पुस्तकों का अध्ययन, समसामयिकी पर मजबूत पकड़, अच्छी भाषा–शैली, छोटे–छोटे नोट्स बनाना, थ्योरी के लिए मूल पुस्तकें पढ़ना, समाचार–पत्र और न्यूज पर नजर, पूछे गए प्रश्नों का अभ्यास, कठिन प्रश्नों का निरंतर अभ्यास, इग्नू की पुस्तकों का गहन अध्ययन, नोट्स बनाकर तैयारी, उत्तर लिखने का अभ्यास करना, टाइम मैनजमेंट पर ध्यान देना, सभी प्रश्नों पर बराबर का समय देना तथा देश–विदेश की प्रमुख घटनाओं पर नजर रखना।

पाठ्यक्रम के अनुरूप तैयारी करें। पिछले वर्षों के प्रश्नों को देखें। ज्योग्राफी की तैयारी साइंटिफिक तरीके से करें। कॉन्सेप्ट क्लियर करने के लिए एनसीईआरटी की पुस्तकें पढ़ें। अवधारणात्मक/वैचारिक प्रश्नों की तैयारी के लिए पढ़ना जरूरी है। आँकड़ों, मानचित्र से संबंधित प्रश्नों, आर्थिक सर्वे और जनगणना से संबंधित प्रश्नों पर विशेष ध्यान दें।

मानचित्र के माध्यम से भौतिक स्थलाकृतियों, भौगोलिक संरचनाओं, नगर आदि की सूची तैयार करके अभ्यास करें। भूगोल के लिए मानचित्र का जितना अधिक अभ्यास करेंगे, उतना ही बेहतर स्कोर कर पाएँगे। अधिक पुस्तकें पढ़ने की अपेक्षा, चुनिंदा और महत्त्वपूर्ण लेखकों की पुस्तकें पढ़ें।

नोट्स कैसे बनाएँ

सिविल परीक्षा की तैयारी में नोट्स का काफी महत्त्व है। अच्छे नोट्स आपकी तैयारी के लिए संतुलित और प्रभावी रणनीति बनाने में कारगर होते हैं। साथ ही, पूरे पाठ्यक्रम को कम समय में दोहराने में भी मदद करते हैं।

लीनियर नोट्स

यह विधि उन छात्रों के लिए बेहतर है, जिनके लिए समय कम होने के कारण विस्तृत नोट्स बनाना संभव नहीं होता। इसमें पाठ्य पुस्तक में ही महत्त्वपूर्ण लाइनों अथवा तथ्यों (तारीख, आँकड़े आदि) को अलग–अलग रंगों के पेन या पेंसिल से अंडरलाइन कर लिया जाता है। पर, यह उसी स्थिति में ठीक है, जब पूरा मैटर बेहतर तरीके से व्यवस्थित हो। इस प्रक्रिया का नुकसान यह है कि पूरी सामग्री बिखरे रूप में होने के कारण रिवीजन के दौरान मैटर खोजने में अनावश्यक समय बर्बाद होता है। अतः बेहतर है कि एक सादे रजिस्टर या खुले पन्ने पर नोट्स बनाएँ। पेज के आधे भाग को खाली रखें, ताकि बाद में मिलने वाले तथ्यों, जानकारियों को लिख सकें।

पैटर्न नोट्स

इस विधि को 'स्केल्टन विधि' भी कहते हैं। इसमें विषय को अलग–अलग अध्यायों और टॉपिक्स में बाँटते हैं। फिर प्रत्येक टॉपिक के मुख्य बिंदुओं और तथ्यों को हेडिंगवाइज और चित्रात्मक आदि विधियों से छोटे–छोटे बिंदुओं में समाहित करते हैं। यह न सिर्फ दोहराने में आसान होते हैं, बल्कि इसमें आपका समय भी कम लगता है। आप तुलनात्मक रूप से प्रत्येक विषय और टॉपिक को जोड़ व समझ पाने में सक्षम हो जाते हैं तथा ऐसे नोट्स अंतिम समय में रामबाण की तरह उपयोगी होते हैं

और इनके द्वारा पूरे विषय को समझकर स्पष्ट रणनीति बनाना आसान हो जाता है।

क्या आईएएस और राज्य सेवा परीक्षा (पीएससी) की तैयारी साथ–साथ की जा सकती है?

वैसे तो हमारे देश में सरकारी नौकरी के ढेर सारे मौके हैं, लेकिन प्रत्येक वर्ष बढ़ती हुई प्रतियोगिता के कारण अवसर भी कम होते जा रहे हैं। ऐसे में कई स्टूडेंट्स आईएएस और पीएससी की तैयारी एक साथ करने का मन बना लेते हैं। लेकिन क्या इन दोनों परीक्षाओं की तैयारी एक साथ करना संभव है?

इस सवाल का जवाब यदि एक शब्द में दिया जाए तो जवाब होगा, हाँ! इन दोनों परीक्षाओं की तैयारी एक साथ की जा सकती है। क्योंकि दोनों परीक्षाओं की योग्यता, पैटर्न और पाठ्यक्रम में बहुत समानता होती है। पीएससी और आईएएस दोनों परीक्षाओं में शामिल होने के लिए आवेदक के पास किसी भी मान्यता प्राप्त विश्वविद्यालय से किसी भी विषय में स्नातक की डिग्री होना अनिवार्य है। पीएससी और आईएएस दोनों ही परीक्षाओं के 3 चरण होते हैं–

(1) प्रारंभिक परीक्षा

(2) मुख्य परीक्षा

(3) साक्षात्कार

अगर पाठ्यक्रम की बात करें, तो पीएससी में उस राज्य से संबंधित सवालों की संख्या थोड़ी ज्यादा होती है, लेकिन मोटे तौर पर आईएएस की तैयारी में उन्हें कवर किया जा सकता है।

अब सवाल उठता है कि आखिर दोनों परीक्षाओं की तैयारी एक साथ कैसे करें? आईएएस, आईएएस सिविल सेवा परीक्षा और राज्य पीएससी परीक्षा, दोनों में शामिल होने वाले उम्मीदवार अकसर एक साथ दोनों परीक्षाओं की तैयारी के लिए सही रणनीति अपनाने के बारे में भ्रमित महसूस करते हैं। चूँकि दोनों परीक्षाओं का पाठ्यक्रम विशाल है और उम्मीदवारों

के लिए समय की कमी है, इसलिए यह आवश्यक है कि तैयारी के लिए एक सही तरीका अपनाया जाए। इस समय में दिशाहीन तैयारी आपको वांछित परिणाम नहीं देगी।

'पढ़ाई कैसे करें', से पहले एक जरूरी बात को समझ लीजिए कि वास्तव में आपकी रुचि क्या है? आपका लक्ष्य क्या है? कुछ समय बाद आप पढ़ने से बोर तो नहीं हो जाते, आत्मविश्वास की कमी तो नहीं आप में इत्यादि। एक बात हमेशा याद रखें कि यदि कोई व्यक्ति सफल है, तो क्यों है? क्या वो व्यक्ति विशेष है? नहीं, कभी भी कोई व्यक्ति विशेष नहीं होता, केवल उसकी शैली विशेष होती है। मतलब उसके कार्य करने का तरीका विशेष होता है, तो आप भी उस सफल व्यक्ति के जैसे बन सकते हैं, बस आपको अपने कार्य करने के तरीके को विशेष करना होगा।

सबसे पहले आप अपनी दिनचर्या के मुताबिक एक समय सारणी बनाए। आप नौकरी करते हुए पीएससी और आईएएस की तैयारी कर रहे हैं या आप छात्र हैं यानी कि अपने समयानुसार अगर आप एक विद्यार्थी हैं, तो आपको 8–10 घंटे पढ़ाई के हिसाब से समय सारणी बनानी चाहिए। यदि आप नौकरी करते हुए पीएससी और आईएएस की तैयारी कर रहे हैं, तो आपको कम–से–कम 5–6 घंटे रोजाना के हिसाब से समय सारणी बनानी होगी।

आप एक या दो विषयों को एक सप्ताह के अनुसार बाँट सकते है। ये फैसला करें कि इस सप्ताह इनको पढ़ना है और जब आपको ये लगे कि इस विषय का ये टॉपिक कवर हो गया है, तो उससे संबंधित प्रश्नों को हल करें। उसके बाद ही दूसरे टॉपिक को पढ़ें। जब भी दूसरा टॉपिक शुरू करें, उससे पहले पिछले पढ़े हुए टॉपिक का एक बार अवश्य रिविजन कर लें।

समसामयिकी के लिए आप रोज एक समाचार–पत्र जरूर पढ़ें, जिससे आप राष्ट्रीय और अन्तरराष्ट्रीय खबरों से अपडेट रहें। पेपर पढ़ते वक्त एक कॉपी में नोट्स जरूर बनाएँ। चाहे तो एक पत्रिका जैसे 'प्रतियोगिता दर्पण', 'मंथन' इत्यादि और भी बहुत सारी पत्रिकाएँ आपको मार्केट में मिल जाएँगी, जो आपको पढ़ने में अच्छी लगे, महीने में एक खरीद सकते हैं।

पढ़ते–पढ़ते जब आपको बोरियत महसूस होने लगे, तब आप मैथ्स और रीजनिंग का अभ्यास करें। वास्तव में मैथ्स और रीजनिंग बोरियत को कम करते हैं या फिर आप 5–10 मिनट का ब्रेक ले लें और वो करें जिससे आप दोबारा तरोताजा महसूस करें। आप अपना पसंदीदा संगीत सुन सकते हैं या समसामयिकी की कोई भी पत्रिका पढ़ सकते हैं।

पढ़ते समय कुछ चुनिंदा किताबों का ही उपयोग करें और कोशिश ये करें कि टॉपिक को पढ़ते समय केवल बुक में हाईलाइट न करके, एक कॉपी में बिंदुवार नोट्स बनाएँ। क्योंकि जब परीक्षा नजदीक आती है, तब यही नोट्स आपकी सफलता में मील का पत्थर साबित होंगे। परीक्षा के ठीक पहले अगर हम पढ़ने के लिए मोटी–मोटी पुस्तकें उठाएँगे, तो उससे हमारा मनोबल गिर सकता है और हम आत्मविश्वास खोकर डिप्रेशन का शिकार हो सकते हैं।

सफलता की कहानीः पीड़ा से मिली प्रेरणा

अभावों के बीच रहकर भी पहले ही प्रयास में आप सिविल सेवा परीक्षा में अच्छी रैंक हासिल कर सकते हैं। इसका जीवंत उदाहरण हैं दिल्ली के **हरीश चंद्र,** जो 21 वर्ष की आयु में केवल कॉलेज की लाइब्रेरी, पार्क और लॉन में तैयारी कर, ले आए 309वीं रैंक।

हरीशचंद्र जी बताते हैं, "बचपन से ही मैं अभावों के बीच पला–बढ़ा हूँ। मेरी माँ ने दूसरों के घरों में बर्तन धोकर और मेरे पिता ने दिहाड़ी मजदूरी कर मेरी परवरिश की। जब से मैंने होश सँभाला अपने माता–पिता और घर की हालत देख मुझे अत्यधिक पीड़ा होती थी। हालाँकि मैंने कोई चमत्कार होने का सपना नहीं देखा, लेकिन बारहवीं के बाद जब मैंने हिंदू कॉलेज में प्रवेश लिया, तो जैसे मेरी दुनिया ही बदल गई। एक तरह से कहा जाए, तो यह मेरी जिंदगी का टर्निंग पॉइंट था। दरअसल, हिंदू कॉलेज में शुरुआत से ही मुझे पढ़ाई का बहुत अच्छा माहौल मिला। इससे मेरा आत्मविश्वास कई गुना बढ़ गया। उसी समय से मैं आईएएस बनने के बारे में सोचने लगा।

चूँकि दसवीं तक पढ़ाई के साथ–साथ मैं दुकान में काम भी करता था, इसलिए ठीक से पढ़ाई न हो पाने के कारण बहुत कम मार्क्स आए थे।

बारहवीं में दुकान छोड़कर पढ़ाई के साथ–साथ ट्यूशन पढ़ाने लगा। इससे काफी फायदा पहुँचा और बारहवीं में 80 प्रतिशत अंक आए। कॉलेज में सहपाठी आशु मिश्रा ने मेरी आँखें खोल दीं। इससे पहले मैं खुद को हीन समझता था, लेकिन आशु के जज्बे ने मुझे आगे बढ़ने के लिए काफी प्रेरित किया। आशु नेत्रहीन है, इसके बावजूद वह सकारात्मक अप्रोच रखता है और आगे बढ़ रहा है। उससे प्रेरित होकर मैं भी स्वयं को आगे बढ़ाने में जुट गया। इसके अलावा मैं रिक्शाचालक के बेटे गोविंद जायसवाल की सफलता से भी काफी प्रभावित हुआ और मन में यह विश्वास हो गया कि साधनहीन व्यक्ति भी अपने प्रयास से आईएएस बन सकता है। इसके अलावा मुझे माता, पिता और टीचर का भरपूर सहयोग मिला।

आर्थिक स्थिति अच्छी न होने की वजह से टुकड़ों में लक्ष्य निर्धारित किया और उसे प्राप्त करने में लग गया। सबसे पहले अपने विषयों पर पकड़ बनाई। इससे कॉन्फिडेंस बढ़ता गया। यूनिवर्सिटी की तरफ से स्कॉलरशिप मिलती थी। इस कारण पढ़ने में अधिक परेशानी नहीं हुई। पेरेंट्स के सहयोग से कुछ अलग करने के लिए उत्साहित हुआ। सबसे पहले बी.ए. की पढ़ाई मन लगाकर की। मुझे बी.ए. में 64 प्रतिशत अंक मिले। बी.ए. में मेरे विषय राजनीति विज्ञान और दर्शनशास्त्र थे। इन्हीं दो विषयों की मदद से आईएएस बनने का ख्वाब देखने लगा। परीक्षा देने के लिए आयु कम थी। इसलिए एम.ए. किया और पहले प्रयास में ही जे.आर.एफ. मिल गया।

आईएएस की तैयारी के लिए मैं रोज आठ से दस घंटे की पढ़ाई करता था। गंभीर तैयारी एक वर्ष पहले से शुरू की। सबसे पहले पिछले वर्ष के प्रश्नों को देखा और उसी के अनुरूप तैयारी करने लगा। विषयों की तैयारी के लिए समय बाँट लिया। समाचार–पत्र का रोज अध्ययन करता था। इससे समसामयिकी की तैयारी में काफी मदद मिली। मैं मानता हूँ कि सिविल सेवा परीक्षा में सफल होने के लिए कोचिंग जरूरी नहीं है। कोचिंग सिर्फ दिशा दे सकती है। सफलता खुद के प्रयास से ही मिलती है। मुझे पतंजलि आईएएस कोचिंग से दर्शनशास्त्र की तैयारी के लिए दिशा मिली, जिससे मैं बेहतर स्कोर कर सका।

यह मेरा पहला प्रयास था। प्रारंभिक परीक्षा उत्तीर्ण करने के बाद मुख्य परीक्षा की तैयारी में जुट गया। अपनी पढ़ाई घर पर रहकर ही की। खुद को तरोताजा रखने के लिए वॉकिंग करता था। क्वेश्चन बैंक और अध्यापकों के सहयोग से तैयारी में जुट गया। बी.ए. में राजनीति विज्ञान तथा दर्शनशास्त्र ये दोनों विषय होने से मुख्य परीक्षा में विशेष परेशानी नहीं हुई। मैंने कभी भी अधिक पुस्तकों का अध्ययन नहीं किया। एनसीईआरटी को आधार बनाया। आर्ट्स का छात्र होने की वजह से स्टेटिस्टिक्स में कुछ परेशानियाँ आईं, लेकिन अनवरत अभ्यास से इसमें भी सफल रहा।

साक्षात्कार लगभग चालीस मिनट चला और काफी सौहार्दपूर्ण रहा। साक्षात्कार में हिंदी माध्यम का छात्र होने की वजह से किसी तरह की परेशानी नहीं हुई। साक्षात्कार में मुझसे बहुत सारे प्रश्नों के अलावा महापुरुषों के जन्मदिन पूछे जा रहे थे। मुझसे पूछा गया कि 3 मई को किस महापुरुष का जन्मदिन है। प्रश्न सुनकर मैं सोच में पड़ गया। वे फिर भी दिमाग पर जोर देने की सलाह दे रहे थे। अंत में मैंने उत्तर दिया कि इस दिन मेरा जन्म हुआ था। उत्तर सुनते ही सभी हँस पड़े। उस समय मुझे लगा अवश्य था कि मेरा सेलेक्शन इस परीक्षा में हो सकता है। लेकिन 309वीं रैंक आएगी, यह आशा नहीं थी।

इस परीक्षा में शामिल होने वाले छात्रों से यही कहूँगा कि वे वही करें, जिसमें रुचि हो। पेरेंट्स, बच्चों पर अपने विचार न थोपें, बल्कि उन्हें उनकी रुचि के अनुरूप लक्ष्य निर्धारित करने में सहयोग दें। इस मामले में 'थ्री इडियट' बेहतरीन उदाहरण है। आमिर खान ने कक्षा में टॉप इसलिए किया था, क्योंकि उस क्षेत्र में उनकी रुचि थी। हिंदी माध्यम के छात्र और साधनहीन छात्र भी यदि अपनी रुचि के अनुरूप आईएएस बनने का लक्ष्य निर्धारित करें, तो सफलता अवश्य मिलती है।''

❑❑❑

9

आईएएस/आईपीएस परीक्षा: साक्षात्कार की तैयारी

किसी भी प्रतियोगी परीक्षा में साक्षात्कार अति महत्त्वपूर्ण है, जो मौखिक संप्रेषण का एक अंग है। साक्षात्कार लेने वाले व्यक्ति अनुभवी, योग्य और विशेषज्ञ होते हैं। उनका कार्य ही होता है विशिष्ट कार्य के लिए प्रतियोगियों की योग्यता की जाँच करना। साक्षात्कार में वे इन बातों पर विशेष ध्यान देते हैं–

प्रतियोगी का व्यक्तित्व, कार्य के प्रति उसकी रुचि, समर्पण की भावना तथा कार्य को समझने की क्षमता, उसके सामान्य ज्ञान तथा कॉमन सेंस का स्तर, प्रतियोगी के पद की दृष्टि से योग्यता तथा विवेक। उपर्युक्त सभी बातों का आकलन कर, प्रतियोगी की योग्यता को आँका जाता है।

व्यक्तित्व

व्यक्तित्व, व्यक्ति के आंतरिक एवं बाह्य गुणों का संयुक्त रूप से सम्मिलन होता है, जैसे–व्यक्ति का रूप–रंग, प्रस्तुतीकरण, वार्तालाप का ढंग, प्रश्नोत्तर का ढंग, विषय का ज्ञान, ज्ञान को प्रकट करने की पद्धति, चरित्र, उत्साह, इच्छाशक्ति, साहस आदि नैतिक गुण। व्यक्तित्व का कुछ अंश (जैसे रूप–रंग व आकार) ईश्वर द्वारा प्रदत्त होता है; किंतु अन्य गुणों का विकास एवं विस्तार किया जा सकता है, जिनके लिए प्रयास करना

बहुत जरूरी है, क्योंकि एक प्रभावशाली व्यक्तित्व ही आपको साक्षात्कार में विजयी बनाता है।

कार्य के प्रति रुचि एवं समर्पण

जिस पद के आप प्रत्याशी हैं, उसमें आपकी गहन रुचि होनी चाहिए। साक्षात्कार में यदि यह प्रकट हो जाए कि आपकी रुचि उस कार्य में कम है अथवा आपको किसी विवशतावश वहाँ आना पड़ा है, तो सफलता मिलने में संदेह है।

सामान्य ज्ञान एवं कॉमन सेंस

साक्षात्कार में ये दोनों बड़े सहायक होते हैं। सहज ज्ञान होना और तथ्यों की जानकारी में अंतर है। आपको तथ्यों का ज्ञान हो, किंतु उनका उचित अवसर पर प्रयोग करने का ज्ञान न हो, तो प्राप्त ज्ञान निरर्थक सिद्ध होता है। सहज ज्ञान द्वारा उन प्रश्नों का भी समुचित उत्तर दिया जा सकता है, जिनके विषय में आपको पहले पता नहीं था। यह अध्ययन द्वारा विकसित किया जा सकता है। यदि आप सहज ज्ञान के धनी हैं, तो साक्षात्कार में अपना विशेष प्रभाव दे सकते हैं।

पद की दृष्टि से योग्यता

आप जिस पद के प्रत्याशी हैं, उस पद के अनुरूप, आप पहले से ही स्वयं में वे गुण विकसित करने का प्रयास करें। उदाहरण के लिए– प्रशासकीय पद, तकनीकी पद, न्यायिक पद, आर्थिक संस्थानों के प्रबंधकीय आदि सभी विशिष्ट प्रकृति के हैं। उनमें उत्तरदायित्व भी भिन्न प्रकार का है। इन पदों के लिए कुछ गुण तो सामान्य रूप से सभी में आवश्यक हैं, किंतु कुछ विशेष प्रकार के गुण भी होने चाहिए, जिनके लिए आपको पहले से ही प्रयास करना है।

साक्षात्कार के दौरान याद रखने योग्य कुछ महत्त्वपूर्ण बातें

साक्षात्कार की प्रक्रिया में कुछ बातें ऐसी हैं, जिनका ध्यान रखना बहुत जरूरी है। यदि आप इनके अनुरूप व्यवहार नहीं करते, तो उसका प्रभाव प्रतिकूल ही होगा–

- साक्षात्कार कक्ष में बिना आज्ञा प्राप्त किए प्रवेश न करें।
- अभिवादन करते समय हाथ ऊपर न उठाएँ।
- साक्षात्कार कक्ष में आज्ञा मिलने पर ही कुरसी पर बैठें।
- बैठने का आदेश मिलने पर 'धन्यवाद' अवश्य कहें।
- साक्षात्कारकर्ताओं की पारस्परिक बातों में हस्तक्षेप न करें, भले ही विषय स्वयं आप ही क्यों न हों।
- उनके सामने रखी मेज पर अपना ब्रीफकेस, प्रमाण–पत्र की फाइलें आदि न रखें।
- कक्ष में तीव्र गति से प्रवेश अथवा कक्ष छोड़ना उचित नहीं है। यह घबराहट का प्रतीक है। सहज भाव से प्रवेश करें और बाहर जाएँ।
- जब तक प्रश्न न किया जाए, बोलने का प्रयास न करें।
- अपने उत्तर में किसी व्यक्ति, संस्था अथवा राजनीतिक दल पर कटाक्ष न करें।
- साक्षात्कारकर्ताओं के समक्ष अपने संदेह अथवा अनिश्चय को प्रकट न होने दें।
- यदि किसी प्रश्न का उत्तर नहीं आता है, तो स्पष्ट बता दें। अनिश्चित तथ्य न कहें, क्योंकि उन्हें उन सबका पूरा ज्ञान होता है।
- अपने विषय में बढ़ा–चढ़ाकर न बोलें।
- असंगत तर्क न करें।
- यदि साक्षात्कार के समय खाँसी, छींक आदि आती है, तो रुमाल का प्रयोग करें।
- धार्मिक वाद–विवाद में न पड़ें, केवल मानवतावाद की बात कहें।
- यदि किसी वजह से आप प्रश्न नहीं समझ पाते हैं, तो 'पार्डन मी प्लीज' कहकर पुनः प्रश्न पूछ लें, बिना समझे प्रश्न का उत्तर न दें।
- वार्तालाप में 'श्रीमानजी' या 'सर' का प्रयोग अवश्य करें।
- वार्ता में किसी ऐसे शब्द का प्रयोग न करें, जिससे चाटुकारिता का भाव प्रकट होता हो।

- शिष्टता एवं विनम्रता का प्रदर्शन करें, दंभ व घमंड का कदापि नहीं।
- साक्षात्कार कक्ष में हतोत्साहित नहीं होना चाहिए। उदासीनता का भाव भी प्रकट न होने दें।
- शांत मस्तिष्क से विवेकपूर्ण उत्तर दें।

सत्य सूत्रात्मक आदतें

1. एक अविश्वसनीय संदेश अच्छी–खासी मुसीबत खड़ी कर सकता है अतः संदेश देने से पूर्व उसकी भली–भाँति तैयारी कर लें।
2. वार्तालाप में जो कुछ कहें; वह दूसरे लोगों की समझ में आना चाहिए, अन्यथा वह संदेश निरर्थक होगा।
3. संदेश आपके अनुभव व विचार के आधार पर हो, तभी उसमें आपका आत्मविश्वास झलकेगा।
4. लेखन एक कला है। जरूरी है कि इसमें दक्ष होने के लिए तकनीकी प्रयोग के साथ लेखन का अभ्यास करें।
5. लिखित संप्रेषण में आपके विचारों में दृढ़ता हो, अतः पिछली रिकॉर्ड फाइल को देखकर ही तैयारी करें।
6. शेक्सपियर ने कहा है–"संक्षेप बुद्धि की आत्मा है।" अतः जो कुछ कहना है, संक्षेप में कहें अथवा लिखें। इसमें मन की एकाग्रता अनिवार्य है।
7. सार–लेखन में दो बातों का ध्यान दें– (1) गद्यांश के आवश्यक तत्त्वों का समावेश, (2) एक–तिहाई शब्दों में सीमित करना।
8. पत्र–लेखन में समाधान तथा सब्सक्रिप्शन महत्त्वपूर्ण है। इनका प्रयोग इस पर निर्भर करता है कि आप पत्र किसे लिख रहे हैं।
9. निबंध–लेखन में आपके विचारों की मौलिकता, कल्पना–शक्ति, विषय संबंधी ज्ञान–स्तर तथा व्याख्या करने की क्षमता परखी जाती है। अतः विषय चुनने में सावधानी बरतें।
10. भाषण में सेंस ऑफ ह्यूमर का इस्तेमाल करें, लेकिन तभी जब आपका उस पर अधिकार हो।

11. बोलते समय उपयुक्त बॉडी लैंग्वेज का उपयोग करने से श्रोताओं पर दोगुना प्रभाव पड़ता है। अतः तकनीक का ज्ञान जरूरी है कि कब, कहाँ और किस भाव–मुद्रा/संकेत का प्रयोग किया जाए।

साक्षात्कार के समय सामने वाले को परखिए

साक्षात्कार देने जा रहे हैं, तो आपकी सफलता के लिए सबसे पहली आवश्यकता है आपकी शैक्षिक योग्यता। लेकिन इसके अलावा कुछ और भी ऐसी बातें हैं, जो साक्षात्कार को सफल बनाने में आपके लिए सहायक सिद्ध हो सकती हैं। इनमें से एक है पेंसिंग, यानी जिस तरह साक्षात्कार लेने वाले का मूड है, आप भी उसी तरह का व्यवहार करने की कोशिश कीजिए। इस तरह आप उन लोगों के साथ संपर्क कायम कर पाएँगे और आपकी सफलता की संभावनाएँ बढ़ जाएँगी। आमतौर पर हमें ऐसे ही लोग पसंद आते हैं, जो हमारे स्वभाव के होते हैं। करियर के मामले में भी यह बात पूरी तरह लागू होती है।

साक्षात्कार में उसी तरह बैठिए जैसे साक्षात्कार लेने वाले बैठे हैं। बशर्ते वह बैठने का औपचारिक तरीका हो। कोशिश करें कि बातचीत का लहजा, स्वर और शब्द भी उन्हीं से मिलते–जुलते हों, व्यवहार की दृष्टि से इस तरह की बातों के जरिए, आपको दूसरे लोगों के साथ सामंजस्य बिठाने में काफी मदद मिल सकती है।

साक्षात्कार लेने वाले के मूड का भी आपको ध्यान रखना होगा, क्योंकि व्यक्ति जिस मूड में होता है, वह चाहता है कि उसके साथ बैठा हुआ व्यक्ति भी उसी मूड में हो। यह नहीं होना चाहिए कि सामने वाले का मूड गंभीर है और आप अति उत्साह दिखा रहे हैं। ऐसे में आपका उत्साह गड़बड़ कर सकता है। गंभीर माहौल में जवाब भी गंभीरतापूर्वक दें। जिस अंदाज में आपसे बात की जा रही है, आप बस उसी का खयाल रखें। विशेषज्ञ इसे पेंसिंग का नाम देते हैं, यानी जिस रफ्तार में सामने वाला जा रहा है, आप भी उसी रफ्तार पर रहें। दूसरे शब्दों में, आप इसे किसी की नब्ज पकड़ना भी कह सकते हैं।

साक्षात्कार कक्ष में आप

सिविल सेवा में साक्षात्कार अंतिम एवं सबसे महत्त्वपूर्ण परीक्षा होती है, इसलिए अंतिम रूप से चयन में इसका बड़ा योगदान होता है। साक्षात्कार के माध्यम से साक्षात्कार बोर्ड वस्तुतः अभ्यर्थी के संपूर्ण व्यक्तित्व की जाँच करता है। बोर्ड के सदस्य चाहते हैं कि जिस व्यक्ति के कंधों पर इतनी बड़ी जिम्मेदारी सौंपी जानी है, उसका व्यक्तित्व परिपूर्ण हो, ताकि भविष्य में किसी प्रकार की दिक्कत न आने पाए।

सिविल सेवा के साक्षात्कार में जाने से पूर्व अपनी कमजोरियों का आकलन ईमानदारीपूर्वक करना चाहिए जैसे–घबराहट, जल्दबाजी एवं अति उत्साह तथा झूठ बोलने से बचना चाहिए। यद्यपि साक्षात्कार मंडल के पास अभ्यर्थी का पूर्ण जीवनवृत्त होता है, फिर भी वह प्रश्न बायोडाटा से सबंधित ही पूछता है, इसलिए बायोडाटा से संबंधित प्रश्नों की तैयारी ठीक ढंग से कर लेनी चाहिए। विषयगत जानकारी के लिए मुख्यतः मुख्य परीक्षा ही पर्याप्त होती है। इसके साथ जी.एस. एवं जी.के. से प्रश्न अवश्य पूछे जाते हैं, जिनका उत्तर सावधानीपूर्वक देना पड़ता है।

प्रतियोगियों से बातचीत के बाद यह पाया गया है कि उम्मीदवार जब साक्षात्कार मंडल के समक्ष जाते हैं, तो वे अंदर से घबराए हुए होते हैं। ऐसी स्थिति में कभी–कभी तो ऐसा भी देखा जाता है कि घबराहट से प्रत्याशी के हाथ–पाँव काँपने लग जाते हैं। यह स्थिति कमजोर व्यक्तित्व को उजागर करती है, अतः इससे बचना चाहिए।

घबराहट में आदमी वह बोलता है, जो उसे नहीं बोलना चाहिए और वह नहीं बोल पाता, जो वह बोलना चाहता है। कई बार तो व्यक्ति बोर्ड के समक्ष अनाप–शनाप बिना मतलब की बातें बोलकर आ जाता है और उसे इसका पता तब चलता है जब साक्षात्कार मंडल का अध्यक्ष यह कहता है कि अब आप जा सकते हैं या बाहर निकलकर वह अपने मित्रों से उस विषय पर चर्चा करता है। इसलिए घबराहट से हमेशा बचना चाहिए।

जल्दबाजी या अति उत्साह भी साक्षात्कार में खतरनाक सिद्ध होता है। प्रत्याशी जल्दी–जल्दी में अति उत्साहित होकर गलतियाँ कर बैठते हैं। प्रायः

ऐसा देखा जाता है कि बोर्ड के सदस्य का प्रश्न अभी अधूरा ही है और अभ्यर्थी उत्तर देना प्रारंभ कर देता है, यह असभ्यता की निशानी है। साक्षात्कार देने वाले व्यक्ति के लिए यह जरूरी है कि वह पूछने वाले व्यक्ति के प्रश्न को ध्यान से सुने तथा सोच–समझकर उसका जवाब दे।

साक्षात्कार में कभी भी झूठ बोलने का प्रयास नहीं करना चाहिए। ऐसा देखा जाता है कि साक्षात्कार लेने वाला व्यक्ति उम्मीदवार से कोई प्रश्न करता है, जिसका जवाब वह नहीं जानता है, तो वह अनेक तरह से झूठ–सच बोलकर सामने वाले को मूर्ख बनाना चाहता है। यह रास्ता गलत है। कभी भी सामने वाले को मूर्ख बनाने की कोशिश न करें, क्योंकि वे आपसे काफी वरिष्ठ हैं तथा ज्ञान व बुद्धि में बहुत आगे हैं। इसलिए आपकी हर गतिविधि को वे भाँप लेंगे।

अतः यदि आप किसी प्रश्न का जवाब नहीं जानते हैं, तो उसके लिए क्षमा माँगते हुए स्पष्ट रूप से मना कर दें कि मैं इस प्रश्न का उत्तर नहीं जानता। कई बार किसी प्रश्न के लिए मना करने पर, साक्षात्कार मंडल का ही कोई सदस्य उसका जवाब स्वयं दे देता है, जिसे ध्यान से सुनें और यदि उनके जवाब में कोई संदेह हो, तो भी उनसे कोई प्रतिप्रश्न न करें, क्योंकि वे पढ़ाने नहीं, साक्षात्कार लेने बैठे हैं।

साक्षात्कार में सफलता संबंधी टिप्स

परिश्रम ही सफलता की कुंजी है। जब आप लगन और निष्ठा से किसी काम में जुट जाते हैं, तो परिणाम अच्छा ही मिलता है। पढ़ाई के बाद नौकरी करना तो सभी चाहते हैं, पर चयन कुछ ही लोगों का होता है। कुछ बातें ऐसी होती हैं, जिन पर अमल करके हम हर क्षेत्र में सफल हो सकते हैं। अगर आप भी साक्षात्कार में सफल होना चाहते हैं, तो इस तरह की कुछ साधारण बातों को अपना सकते हैं–

समय का ध्यान रखें

जिंदगी में समय की पाबंदी बहुत जरूरी है। समय से थोड़ा पहले पहुँचने की आदत बनाएँ। यह आदत आपको सफल बनाने में मददगार साबित होगी। साक्षात्कार के लिए समय पर पहुँचना जरूरी है। अगर आप वक्त से कुछ पहले पहुँचते हैं, तो अन्य उम्मीदवारों से बातचीत करके, साक्षात्कार

पैनल और संभावित प्रश्नों की जानकारी लेकर खुद को मानसिक तौर पर तैयार कर सकते हैं।

पहनावे पर ध्यान दें

साक्षात्कार के लिए अपने पहनावे पर खास ध्यान दें। कपड़े साफ–सुथरे और सही ढंग से प्रेस किए हुए पहनें, जो अवसर के अनुकूल हों। आपके बाल अस्त–व्यस्त न हों। युवतियाँ अपने लंबे और खुले बालों को सही ढंग से बाँधकर जाएँ, ताकि बार–बार बाल आगे–पीछे करने की जरूरत न पड़े।

अच्छी तैयारी के साथ जाएँ

साक्षात्कार में जाने से पहले संबंधित पद के बारे में अच्छी तरह से जान लें। अपने सारे दस्तावेजों और प्रमाण–पत्रों की एक कॉपी जरूर रखें। साक्षात्कार के समय वही प्रमाण–पत्र दें, जो माँगा गया हो, हड़बड़ाहट में कोई दूसरा न दें। साक्षात्कार से पहले इधर–उधर की बातें न सोचें। सिर्फ संभावित प्रश्नों के बारे में ही सोचें, ताकि जब वे प्रश्न आपसे पूछे जाएँ, तो आप बिना किसी हिचक के पूरे आत्मविश्वास के साथ जवाब दे सकें।

साक्षात्कारकर्ता की बात ध्यान से सुनें–साक्षात्कार के समय एकाग्रचित रहें। हर प्रश्न को ध्यान से सुनें, ताकि दोबारा पूछने की जरूरत न पड़े। ऐसा करने से आपका प्रभाव हल्का पड़ सकता है। कई बार लोग ज्यादा उत्साह में सवाल खत्म होने से पहले ही जवाब देना शुरू कर देते हैं। इससे साक्षात्कार बोर्ड में बैठे लोगों पर बुरा प्रभाव पड़ता है, इसलिए जवाब पूरे आत्मविश्वास के साथ दें। नर्वस न हों, अगर आप अच्छी तैयारी करके जाएँगे, तो सफलता जरूर हासिल होगी।

झूठ न बोलें

जिस सवाल का जवाब आपको नहीं मालूम है, उसे टाल दें या मना कर दें, बजाय इसके कि आप यह विश्वास दिलाते रहें कि आप उस प्रश्न के बारे में बहुत कुछ जानते हैं। ऐसी स्थिति में आपके चयन की उम्मीद बहुत कम रह जाती है।

आपके हाव–भाव

साक्षात्कार के दौरान सहज रहें। हाथ न हिलाएँ और न ही बार–बार पसीना पोछें। चेहरे पर हल्की–सी मुस्कान काफी प्रभावशाली सिद्ध होगी।

ऊँची आवाज में न बोलें

साक्षात्कार के दौरान जवाब तेज आवाज में न दें और न ही इतना धीमा बोलें कि साक्षात्कार लेने वाले को सुनाई ही न दे। मधुर आवाज में बड़ी सहजता के साथ अपना उत्तर दें। जहाँ तक हो सके नपे–तुले शब्दों में अपनी बात कहें, साक्षात्कार लेने वाले को भी बोलने का मौका दें, खुद ही न बोलते रहें।

सभी से मुखातिब रहें

साक्षात्कार पैनल में चार या अधिक व्यक्ति होने पर कई तरह के प्रश्न सामने आएँगे। अच्छा यही होता है कि सभी की तरफ मुखातिब होकर नम्रतापूर्वक जवाब दें तथा सभी को उसमें शामिल करें।

बहस न करें

साक्षात्कार के समय बहस न करें, ऐसा करने से आपका आत्मविश्वास या ज्ञान सिद्ध नहीं होगा। आप साक्षात्कारकर्ता को आत्मविश्वास और विनम्रता के साथ अपनी प्रतिभा का विश्वास दिला सकते हैं, न कि बहस करके। अतः वाद–विवाद अथवा बहस से बचें।

आईएएस इंटरव्यू में पूछे जाने वाले अजीबोगरीब सवाल?

आईएएस सिविल सर्विसेस परीक्षा के इंटरव्यू स्तर को सबसे मुश्किल माना जाता है। लगभग हर अभ्यर्थी इस चरण को लेकर नर्वस रहता है और उसके नर्वस होने के कारण भी हैं। दरअसल, इस चरण में सवालों की कोई सीमा नहीं होती, न ही उनका कोई निर्धारित पाठ्यक्रम होता है। किस सवाल का मकसद क्या है, यह भी पता लगाना मुश्किल होता है। कई बार तो इंटरव्यू में ऐसे भी सवाल पूछ लिए जाते हैं, जिनको सुनकर अभ्यर्थी का दिमाग घूम जाता है।

आईएएस सिविल सेवा साक्षात्कार का मकसद अभ्यर्थी के ज्ञान का पता लगाना नहीं होता। ज्ञान की परीक्षा तो वह पहले ही दो चरणों में दे चुका होता है। इंटरव्यू का मकसद तो अभ्यर्थी की presence of mind, attitude और thought process को टेस्ट करना होता है। इसलिए कई बार साक्षात्कार लेने वाले अभ्यर्थी के सामने ऐसे सवाल रख देते हैं जिनका मकसद सामने वाले को असहज करना होता है। ऐसे ही कुछ सवाल यहाँ दिए जा रहे हैं, जो थोड़े अजीब तो जरूर हैं, लेकिन उनके जवाब उतने मुश्किल भी नहीं हैं।

- **बंगाल की खाड़ी किस 'स्टेट' में है?**
  जवाब–बंगाल की खाड़ी लिक्विड स्टेट में है।
- **अगर नीले समुद्र में एक लाल रंग का पत्थर डाला जाए, तो क्या होगा?**
  जवाब–पत्थर गीला हो जाएगा और डूब जाएगा।
- **ऐसा कौन–सा जीव है, जो पानी में रहता है, लेकिन पानी नहीं पीता?**
  जवाब–मेढक एक ऐसा जीव है, जो पानी में रहता है, लेकिन कभी पानी नहीं पीता।
- **ऐसा कौन–सा जीव है, जो 6 दिनों तक अपनी साँस रोक सकता है?**
  जवाब–बिच्छू।
- **ऐसा क्या है, जो जिसका है सिर्फ वही देख सकता है और केवल एक बार देख सकता है?**
  जवाब–सोते हुए सपना।
- **एक ऐसा नाम बताएँ जिसमें फल, फूल और मिठाई का नाम आता है?**
  जवाब–गुलाब जामुन।
- **ऐसी कौन–सी चीज है, जो नाम लेते ही टूट जाती है?**
  जवाब–खामोशी
- **11 में कब 2 जोड़ने पर उत्तर 1 आता है?**
  जवाब–जब घड़ी में 11 बजते हैं, तब उसमें 2 और जोड़ने पर 1 बज जाता है।

- **इंटरनेट का मालिक कौन है?**

  जवाब–इंटरनेट का मालिक वही होता है, जो इसे लगवा ले।

- **कौन–सा जानवर है जो कभी कूद नहीं सकता?**

  जवाब–हाथी, हाथी काफी बड़ा और भारी जानवर होता है, वो कभी कूद नहीं सकता।

- **पृथ्वी पर अगर ऑक्सीजन की मात्रा दोगुनी बढ़ जाए, तो क्या होगा?**

  जवाब–अगर हमारे वातावरण में ऑक्सीजन की मात्रा दोगुनी हो गई, तो छोटे–मोटे कीड़े मकोड़े, कॉकरोच आदि का आकार बहुत बड़ा हो जाएगा। बिल्कुल वैसा ही, जैसा हॉलीवुड मूवी में कभी–कभार कीड़ों को दिखाया जाता है।

- **मनुष्य के शरीर का कौन–सा अंग है, जो हर दो महीने में बदलता रहता है?**

  जवाब–आइब्रो यानी भौंहें।

- **हम पानी क्यों पीते हैं?**

  जवाब–क्योंकि हम पानी खा और चबा नहीं सकते।

- **सर्च और रिसर्च में क्या फर्क है?**

  जवाब–रिसर्च का मतलब नई खोज करना होता है, जबकि सर्च का मतलब उन सवालों का जवाब तलाशना होता है, जो पहले से मौजूद हैं।

- **ऐसा कौन–सा फूल है, जिसका वजन 10 कि.ग्रा. होता है?**

  जवाब–रफ्लेशिया, यह इंडोनेशिया और मलेशिया में पाया जाता है, इसका वजन 10 कि.ग्रा. तक होता है।

- **एक आदमी अँधेरे कमरे में बैठा है कमरे में लालटेन, मोबाइल या लाइट कुछ भी नहीं है, तो वह कैसे पढ़ रहा है?**

  जवाब–कमरे में बैठा व्यक्ति दृष्टिहीन है, वो ब्रेल लिपि से पढ़ रहा है, जिसके लिए उजाले की जरूरत नहीं है।

दोस्तो, यह तो सिर्फ कुछ उदाहरण हैं, जो आपको उदाहरण के तौर पर समझाने के लिए बताए गए हैं, ताकि आप इंटरव्यू की तैयारी करते समय यह बात ध्यान में रखें कि आपसे कोई भी सवाल पूछा जा सकता है और जो सवाल पूछा जा रहा है, उसके माध्यम से आपकी पर्सनेलिटी को चेक किया जा रहा है।

सफलता की कहानीः खुद को कर बुलंद इतना...

"कठिन परिश्रम का कोई विकल्प नहीं है। यदि आप आईएएस की परीक्षा पास करना चाहते हैं, तो आपको जुनूनी और मेहनती होना ही होगा। जिस छात्र में इस तरह के गुण हैं, वे ही इस परीक्षा में सफल हो सकते हैं", यह कहना है 2012 बैच की आईएएस टॉपर **एस. दिव्यदर्शिनी** का। डॉ. अंबेडकर लॉ यूनिवर्सिटी, तमिलनाडु से लॉ ग्रेजुएट दिव्यदर्शिनी कहती हैं कि उन्होंने लोक प्रशासन और कानून विषय लिये थे। दोनों विषयों की तैयारी प्लानिंग के तहत की और निरंतर अपनी कमियों को दूर करती रहीं। इसमें पारिवारिक सदस्यों के साथ ही मेंटर प्रभाकरण सर की अहम भूमिका रही। उन्होंने मुझे काफी सहयोग किया।

माँ, हाउसवाइफ और पिता, कस्टम कंसल्टेंट हैं। ग्रेजुएशन के बाद से ही तैयारी के लिए जुट गई थीं। साक्षात्कार रजनी राजदान बोर्ड में हुआ, जो काफी शानदार रहा। परीक्षा के बाद सेलेक्ट होने की आशा तो थी, लेकिन टॉप करूँगी, इसकी आशा कम थी। इस परीक्षा की तैयारी कर रहे छात्रों से यही कहना चाहती हूँ कि आप खुद को सक्षम मानें, तो सफलता आपके पास खुद चलकर आएगी। असफल होने पर घबराएँ नहीं, बल्कि दुगुनी मेहनत से प्रयास करें, क्योंकि हो सकता है कि आप अंतिम प्रयास में अपनी मंजिल को प्राप्त कर लें।

❑❑❑

10

मंजिल के मुहाने पर

यदि आपका सपना प्रशासनिक अधिकारी बनने का है, तो आईएएस/आईपीएस प्रशिक्षण प्राप्त करने को सपने के साकार होने का पहला चरण माना जाएगा। इस प्रशिक्षण को अकसर जीवंत, रोमांचक और संतोषप्रद बताया जाता है। प्रशिक्षण के दौरान, अधिकारियों में उपलब्धि और आत्म–विकास की गहरी भावना पैदा होती है। आईएएस/आईपीएस अधिकारी जिस प्रकार का प्रशिक्षण प्राप्त करते हैं, उसके बारे में जानना निश्चित रूप से आपकी तैयारी में उत्साह का संचार करेगा।

आईएएस/आईपीएस परीक्षा के तीनों चरण पास कर लेने के बाद हर अभ्यर्थी को लाल बहादुर शास्त्री राष्ट्रीय प्रशासनिक अकादमी यानी (LBSNAA) ले जाया जाता है। जहाँ उन्हें वरिष्ठ प्रशिक्षक अफसरों द्वारा ट्रेनिंग दी जाती है।

आईएएस प्रशिक्षण का पहला चरण

पहले चरण में भारतीय प्रशासनिक सेवा के अधिकारी प्रशिक्षुओं को कई प्रकार के विषयों में कठोर प्रशिक्षण दिया जाता है, ताकि उन्हें नौकरी के पहले दशक में मिलने वाले विभिन्न प्रकार के कार्यों को करने में सक्षम बनाया जा सके। इसमें जिला प्रशिक्षण होता है, लेकिन उससे पहले, इसमें निम्नलिखित दो मॉड्यूल होते हैं–

1. शीतकालीन अध्ययन टूर

प्रशिक्षु अधिकारी (Probationers) अपनी समृद्ध सांस्कृतिक विविधता का अनुभव करने के लिए पूरे देश की यात्रा करते हैं, जिसे भारत दर्शन भी कहते हैं। संसदीय अध्ययन ब्यूरो के साथ एक सप्ताह का प्रशिक्षण उन्हें भारत में संसदीय प्रणाली के कामकाज के बारे में बताता है। इस चरण में प्रशिक्षु अधिकारियों को भारत के राष्ट्रपति, उप–राष्ट्रपति, प्रधानमंत्री और अन्य महत्त्वपूर्ण गणमान्य व्यक्तियों से भी मिलवाया जाता है।

2. अकादमिक मॉड्यूल

यह थीम आधारित मॉड्यूल होता है तथा विभिन्न प्रकार के विषयों को कवर करता है, जैसे– नीति निर्माण, राष्ट्रीय सुरक्षा/कानून और व्यवस्था, कृषि/भूमि प्रबंधन और प्रशासन, ग्रामीण विकास/विकेंद्रीकरण और पंचायतीराज, शहरी प्रबंधन/बुनियादी ढाँचा और पब्लिक–प्राइवेट पार्टनरशिप, ई–गवर्नेंस/कार्यालय प्रबंधन/प्रशासन में आईएएस का दृष्टिकोण/भूमिका। इस चरण में सॉफ्ट स्किल्स (नेतृत्व, संगठनात्मक व्यवहार और अंतरवैयक्तिक कौशल), परियोजना प्रबंधन, इंजीनियरिंग कौशल और आईसीआईटी वित्तीय प्रबंधन और परियोजना मूल्यांकन जैसे कौशल, सामाजिक क्षेत्र/कमजोर वर्ग और अल्पसंख्यकों पर विशेष ध्यान दिया जाता है।

आईएएस प्रशिक्षुओं (Probationers) को एक वर्ष का जिला प्रशिक्षण दिया जाता है, जो उन्हें अपनी अद्भुत विविधताओं, असंख्य चुनौतियों और अवसरों के साथ सर्वोत्कृष्ट भारत को देखने, पढ़ने और जीने में सक्षम बनाने के ड्रिल जैसा होता है। यह उन्हें प्रशासनिक सेट–अप को समझने के विभिन्न अवसर प्रदान करता है। साथ ही, विकास के प्रतिमान को समझने के साथ–साथ, रणनीतियों की प्रभावकारिता को समझने के लिए लोगों, उनके प्रतिनिधियों और अधिकारियों से बातचीत करने का अवसर देता है।

आईएएस प्रशिक्षण का दूसरा चरण

दूसरे चरण में इस क्षेत्र में अधिकारी प्रशिक्षुओं को अपने–अपने अनुभवों को साझा करने का मंच प्रदान किया जाता है और देश के प्रशासन और शासन की खूबियों और कमियों को समझने में सक्षम बनाया जाता है। इस चरण में इंटरएक्टिव शिक्षण पद्धति पर जोर दिया जाता है और इसमें सरकार में काम करने वाले और सरकार के बाहर के प्रतिष्ठित विशेषज्ञों के विशेष सत्र भी आयोजित किए जाते हैं। प्रशिक्षण के समाप्त होने से पहले का चरण, अधिकारी प्रशिक्षुओं को सरकारी सेवा में अपना करियर शुरू करने से पहले सीखने का जीवंत अवसर प्रदान करता है।

प्रशिक्षण प्राप्त कर रहे आईएएस अधिकारियों को लेक्चर हॉल के दायरे से परे समृद्ध, विविधता से भरे और जीवंत कैंपस जीवन जीने के लिए प्रोत्साहित किया जाता है। ऐसे अनुभवों के कुछ उदाहरण इस प्रकार हैं–

प्रशिक्षुओं को ग्रेटर हिमालय पर ट्रेकिंग के लिए भेजा जाता है, जहाँ वे विपरीत परिस्थितियों, खराब मौसम, रहने की अपर्याप्त सुविधा और सीमित भोजन जैसी परिस्थितियों में जीना सीखते हैं। ग्रामीण जीवन की वास्तविकताओं को समझने के लिए पिछड़े गाँवों का दौरा करना और वहाँ जाकर रहना आरंभिक स्तर के कार्यक्रम के अभिन्न अंग हैं। अधिकारी प्रशिक्षुओं को पाठ्येतर मॉड्यूलों में शामिल होने और अपनी पसंद के किसी भी शौक में प्रवीणता प्राप्त करने के लिए प्रोत्साहित किया जाता है। इसके लिए अपनी रचनात्मक क्षमता को व्यक्त करने के लिए उन्हें विभिन्न क्लब और सोसाइटी की रचनात्मक गतिविधियों में हिस्सा लेने को प्रोत्साहित किया जाता है।

आईपीएस प्रशिक्षण

आजकल जिस तरह से युवाओं में आईपीएस अधिकारी बनने का क्रेज बढ़ता जा रहा है, उनके मन में आईपीएस की ट्रेनिंग को लेकर भी कई

सवाल उठते रहते हैं। उनकी ट्रेनिंग कहाँ होती है, वे ट्रेनिंग में क्या सीखते हैं, ट्रेनिंग कितने दिनों तक चलती है इत्यादि। कुछ ऐसे सवाल हैं, जो आईपीएस बनने का सपना देखने वालों के मन में अकसर आते हैं।

आईपीएस प्रशिक्षण को हमारे देश में सबसे कठिन प्रशिक्षण माना जाता है, क्योंकि आईपीएस अधिकारियों को इस देश के सभी भारतीय राज्यों और संघ शासित प्रदेशों में सशस्त्र पुलिस बल को निर्देशित करना होता है। आईपीएस अधिकारियों को दी जाने वाली ट्रेनिंग के बारे में जानने से अभ्यर्थियों में न केवल एक नया जोश भर जाता है, बल्कि उन्हें तैयारी करने की प्रबल प्रेरणा भी मिलती है। आईपीएस की ट्रेनिंग भी आईएएस की तरह ही सैंडविच प्रारूप में होती है। सैंडविच का मतलब है, ट्रेनिंग का प्रारूप सैंडविच की तरह होता है– पहले अकादमी में, फिर फील्ड में और फिर से अकादमी में।

लाल बहादुर शास्त्री राष्ट्रीय प्रशासनिक अकादमी (LBSNAA) पहला चरण (फाउंडेशन कोर्स)

यह अकादमी न केवल सिविल सेवा क्षमता संवर्द्धन का कार्य करती है, बल्कि इसके साथ–साथ अंतर–सेवा सौहार्द और सहयोग पर भी केंद्रित है। फाउंडेशन कोर्स का उद्देश्य अखिल भारतीय सेवाओं और केंद्रीय सेवाओं (समूह 'ए') के नए भर्ती हुए अफसरों के बीच एक–दूसरे से जान–पहचान तथा समन्वय स्थापित करना है। यह नए अफसरों को अपेक्षित कौशल, ज्ञान और व्यवहार करने के तरीके सिखाता है।

फाउंडेशन कोर्स के मुख्य उद्देश्य विभिन्न सार्वजनिक सेवाओं के बीच अधिक सहयोग और समन्वय स्थापित करना और एक अधिकारी प्रशिक्षु के व्यक्तित्व के सर्वांगीण विकास को बढ़ावा देना है, जोकि बौद्धिक, नैतिक और शारीरिक सभी तरह का हो सकता है।

फाउंडेशन कोर्स के बाद आईपीएस प्रशिक्षुओं को हैदराबाद स्थित सरदार वल्लभभाई पटेल राष्ट्रीय पुलिस अकादमी भेजा जाता है, जहाँ उनकी आगे की ट्रेनिंग की प्रक्रिया पूरी होती है।

सरदार वल्लभभाई पटेल राष्ट्रीय पुलिस अकादमी (SVPNPA) को युवा आईपीएस अधिकारी प्रशिक्षुओं को पेशेवर पुलिस अधिकारियों में बदलने का कार्य सौंपा गया है। सरदार वल्लभभाई पटेल राष्ट्रीय पुलिस अकादमी, हैदराबाद, भारतीय पुलिस सेवा (आईपीएस) अधिकारियों के प्रशिक्षण का मुख्य संस्थान है।

आईपीएस प्रशिक्षण का दूसरा चरण दो चरणों में होता है। पहला चरण हैदराबाद में राष्ट्रीय पुलिस अकादमी से शुरू होता है। आईपीएस अधिकारियों को भी आईपीएस अकादमी में प्रशिक्षण के दो चरणों के बीच उनके कैडर के एक जिले में एक निश्चित समय तक प्रशिक्षण प्राप्त करना होता है।

आईपीएस प्रशिक्षु, प्रशिक्षण के दूसरे चरण के लिए सरदार वल्लभभाई पटेल राष्ट्रीय पुलिस अकादमी, हैदराबाद में शामिल होते हैं, जिसे बेसिक ट्रेनिंग कोर्स कहा जाता है। यह चरण 11 महीने की अवधि का होता है, जहाँ आईपीएस अधिकारी प्रशिक्षु विभिन्न इनडोर, आउटडोर और योग्यता वाले विषयों का अध्ययन करते हैं।

बुनियादी प्रशिक्षण

बुनियादी प्रशिक्षण का उद्‌देश्य पुलिस की ड्‌यूटी में आने वाली चुनौतियों का सामना करने में सक्षम होने के लिए अधिकारी प्रशिक्षुओं की क्षमता का निर्माण करना है। प्रशिक्षण का उद्‌देश्य यह सुनिश्चित करना है कि अधिकारियों को आवश्यक कौशल, ज्ञान, समझ, व्यवहार और एक पुलिस अधिकारी के कर्त्तव्यों का निर्वहन करना प्रभावी ढंग से आना चाहिए। यह प्रशिक्षण अधिकारी प्रशिक्षुओं को शुरुआती और बाद में विभिन्न वरिष्ठ पर्यवेक्षी कार्यों के लिए जिले में पुलिस अधीक्षक के पद और पुलिस विभाग की विशेष इकाइयों के लिए सक्षम बनाता है।

प्रशिक्षण प्रदान करने के लिए अकादमी में 'एकीकृत प्रशिक्षण' प्रारूप का उपयोग तीन आयामों के एकीकरण पर केंद्रित होता है– संवेदनशीलता (व्यक्तिगत और सामाजिक), दिशा–निर्देश (नैतिक और कानूनी) और योग्यता

(डोमेन और अंतर–कमानी)। नेशनल पुलिस अकादमी आईपीएस प्रशिक्षुओं में मानव मूल्यों का पोषण करती है, जो न केवल अच्छे पुलिस अधिकारी होने के लिए, बल्कि प्रभावी और अच्छे इंसान बनने में भी सहायक होती है।

दूसरे चरण में आवंटित राज्य कैडर के बारे में ज्ञान को बढ़ाने में सहायता की जाती है, जिसमें वहाँ की भाषा, तौर–तरीके, संस्कृति आदि आते हैं। यह प्रशिक्षण राज्य पुलिस अकादमियों में होता है, जो तीन सप्ताह की अवधि का होता है। इस चरण में व्यावहारिक प्रशिक्षण का घटक भी शामिल है, जहाँ प्रशिक्षुओं को पुलिस स्टेशनों में कानूनी मामलों से निपटने की जिम्मेदारी दी जाती है। आईपीएस प्रशिक्षुओं को पुलिस मुख्यालयों के साथ भी संलग्न किया जाता है, जहाँ वे जिला स्तर की कार्यवाही के बारे में भी अवगत होते हैं। यह चरण छह महीने की अवधि का होता है।

सरदार वल्लभभाई पटेल नेशनल पुलिस अकादमी में अपने प्रशिक्षण के दौरान, अधिकारी प्रशिक्षु, सेना – वायुसेना, नौसेना, केंद्रीय सशस्त्र पुलिस बल (CRPF) के विभिन्न इकाइयों के लिए 'संलग्न' किए जाते हैं, जो उन्हें राष्ट्र निर्माण में अन्य संगठनों की भूमिका की सराहना करने में मदद करता है। अधिकारी प्रशिक्षु की पासिंग आउट परेड 11 महीने बाद आयोजित की जाती है।

लाल बहादुर शास्त्री राष्ट्रीय प्रशासनिक अकादमी (LBSNAA) की भारत दर्शन यात्रा

लाल बहादुर शास्त्री राष्ट्रीय प्रशासनिक अकादमी से प्रत्येक आईएएस अभ्यर्थी भली–भाँति परिचित होता है। यह उनकी मंजिल का पहला पड़ाव होता है।

प्रत्येक आईएएस उम्मीदवार को LBSNAA, मसूरी में प्रशिक्षण चरण के दौरान, भारत दर्शन की प्रतीक्षा होती है। यह एक ऐसा अनुभव है, जिसका आईएएस प्रशिक्षुओं को बेसब्री से इंतजार रहता है। भारत दर्शन को आठ सप्ताह का 'शीतकालीन अध्ययन दौरा' भी कहा जाता है। इस दौरान प्रशिक्षु अधिकारी देश के बारे में अधिक–से–अधिक जानने और

लोगों के सामने आने वाली समस्याओं की झलक पाने के लिए भारत की यात्रा करता है। यह उनके लिए आँख खोलने वाला अनुभव होता है।

भारत दर्शन दिसंबर के पहले सप्ताह के दौरान शुरू होता है, जब मसूरी में बर्फबारी शुरू होती है। यह प्रशिक्षण के सबसे दिलचस्प भागों में से एक है। यह दौरा आठ सप्ताह तक चलता है और इस दौरान आईएएस प्रशिक्षु लगभग पूरे देश की यात्रा करते हैं। आईपीएस, आईएफएस इत्यादि अन्य सेवाओं में नियुक्त होने वाले प्रशिक्षुओं को इस तरह की व्यापक यात्रा का मौका नहीं मिलता है। बेशक, अन्य संस्थानों में प्रशिक्षण के दौरान उनकी यात्राएँ भी होती हैं, लेकिन आईएएस अधिकारियों के भारत दर्शन के समान शायद कोई भी इतनी व्यापक नहीं है।

आमतौर पर, प्रशिक्षुओं को 9 – 10 समूहों में विभाजित किया जाता है और प्रत्येक टीम में एक टीम लीडर नियुक्त किया जाता है। प्रत्येक टीम को अलग–अलग स्थानों पर भेजा जाता है और भारत दर्शन के समापन पर एक ही समय पर सब वापस मसूरी लौटते हैं। आमतौर पर, भारत दर्शन का यह कार्यक्रम दिसंबर के महीने में शुरू होता है और फरवरी के अंत तक जारी रहता है। यह विशेष प्रशिक्षण टूर प्रशिक्षुओं को भारत के विभिन्न क्षेत्रों में प्रचलित पारिस्थितिक, ऐतिहासिक और सांस्कृतिक पृष्ठभूमि के बारे में जानने में सक्षम बनाता है। प्रशिक्षुओं को राष्ट्रीय महत्त्व के विभिन्न संस्थानों जैसे आरबीआई, सेबी, गैर–सरकारी संगठनों और राष्ट्र में इनके कामकाज को समझने का अवसर मिलता है। इस उद्देश्य के लिए, भारत दर्शन में अलग–अलग अटैचमेंट होते हैं। ये विभिन्न अटैचमेंट भारत की आत्मा और उसके कामकाज को आत्मसात करने में मदद करते हैं। कुछ अटैचमेंट इस प्रकार हैं–आर्मी अटैचमेंट, आईएएफ अटैचमेंट, नेवी अटैचमेंट, एनजीओ अटैचमेंट, पब्लिक सेक्टर अटैचमेंट, फॉरेस्ट एंड आइलैंड अटैचमेंट।

लबासना की पाठ्यक्रम पुस्तिका में दौरे का जो उद्देश्य लिखा गया है। उसके अनुसार, "अधिकारी प्रशिक्षुओं को अपने करियर के दौरान संगठनों

और स्थितियों की एक विस्तृत श्रृंखला से अवगत कराना और उन्हें हमारी सांस्कृतिक विरासत की विविधता की एक झलक देना।"

यहाँ, उन्हें विभिन्न संस्थानों द्वारा किए गए कार्यों का प्रत्यक्ष लेखा जोखा और अनुभव मिलता है। यह उन्हें जनता और अधिकारियों तथा उनकी मदद करने की कोशिश कर रहे लोगों द्वारा सामना की जाने वाली समस्याओं और कठिनाइयों को समझने में सक्षम बनाता है। इस दौरान प्रशिक्षुओं को विविध परिस्थितियों का अनुभव होता है। एक तरफ उन्हें बड़े होटलों में रहने का अवसर मिलता है, तो दूसरी तरफ उन्हें साधारण झोपड़ियों में फर्श पर भी सोना पड़ता है।

वे प्रतिष्ठित हस्तियों से मिलते हैं, जो उनसे उनके काम के बारे में बात करते हैं। ये सभी प्रशिक्षु भारत में विविधता को समझने और उसकी सराहना करने में सक्षम बनते हैं, क्योंकि वे पूरे देश में यात्रा करते हैं। यहाँ तक कि उन्हें कश्मीर और देश के अन्य अशांत क्षेत्रों में जानलेवा स्थितियों का भी सामना करना पड़ता है। अधिकांश आईएएस अधिकारी इस अनुभव को जीवन बदलने वाली और विनम्र यात्रा के रूप में याद करते हैं।

सरदार वल्लभभाई पटेल राष्ट्रीय पुलिस अकादमी के प्रशिक्षण में क्या–क्या होता है?

इंडियन पुलिस सर्विस आईएएस की एक बहुत ही प्रतिष्ठित सेवा है। प्रत्येक वर्ष लाखों लोग इस सेवा में नियुक्त होने के लिए प्रयास करते हैं, लेकिन सफलता कुछ चुनिंदा लोगों को ही मिलती है। पुलिस में काम करना कितना मुश्किल है, इसका अंदाजा उस सेवा में नियुक्ति से पहले दी जाने वाली ट्रेनिंग से लगाया जा सकता है।

किसी भी आईपीएस को 4 भागों में ट्रेनिंग दी जाती है। पहला लबसना मसूरी में 3 महीने का फाउंडेशन कोर्स, जिसमें बेसिक जानकारी दी जाती है। इसके बाद हैदराबाद जाना होता है। यहाँ सरदार वल्लभभाई पटेल राष्ट्रीय पुलिस अकादमी में 11 महीने की ट्रेनिंग होती है। आईपीएस अधिकारी को 6 महीने के लिए डिस्ट्रिक्ट प्रैक्टिकल ट्रेनिंग दी जाती है।

आईपीएस अधिकारी की ट्रेनिंग पहले अकादमी, फिर फील्ड में और फिर अकादमी में होती है।

आईपीएस के लिए कम्पल्सरी इंडोर सब्जेक्ट्स में फिजिकल फिटनेस जिसमें पीटी, एथलेटिक्स, जिम, खेल, क्रॉस कंट्री दौड़ 20 किमी. तक शामिल होता है। ये सब कुछ एक आईपीएस की ट्रेनिंग का हिस्सा होता है। ट्रेनिंग अधिकारियों को ट्रेनिंग के दौरान ड्रिल, योग, निहत्थे मुकाबला और तैराकी भी सिखाई जाती है। ये ट्रेनिंग किसी भी आईपीएस को इसलिए दी जाती है, जिससे वे किसी भी विपरीत परिस्थिति से निपटने के लिए तैयार हों। इसके अलावा आईपीएस अधिकारी को फील्ड क्राफ्ट, मैप रीडिंग, एंबुश सीटिंग की ट्रेनिंग भी दी जाती है। ट्रेनिंग में ये भी सिखाया जाता है कि दुश्मन की किसी भी चाल को आसानी से कैसे फेल किया जा सकता है। प्रशिक्षुओं को रॉक क्लाइम्बिंग, असॉल्ट ट्रेनिंग और हथियार की ट्रेनिंग भी दी जाती है, जिसमें असेम्बलिंग/डिसअसेंबलिंग, रिवॉल्वर, पिस्टल, मशीन गन, राइफल, मोर्टार, ग्रेनेड की फायरिंग सिखाई जाती है। यानी आसान भाषा में कहें, तो एक आईपीएस को लगभग सभी हथियारों की ट्रेनिंग दी जाती है।

सरदार वल्लभभाई पटेल राष्ट्रीय पुलिस अकादमी में अपने प्रशिक्षण के दौरान, अधिकारी प्रशिक्षु (Officers trainees) सेना, वायु सेना, नौसेना, केंद्रीय सशस्त्र पुलिस बल (CRPF) के विभिन्न इकाइयों के साथ 'संलग्न' किए जाते हैं, जो उन्हें राष्ट्र निर्माण में अन्य संगठनों की भूमिका को समझने में मदद करता है।

आईएएस की जिम्मेदारियाँ/कर्त्तव्य

एक आईएएस का जीवन बहुत ही प्रेरणादायक और मुश्किल होता है। आपने अकसर ऐसी कहानियाँ सुनी होंगी, जब एक आईएएस अधिकारी ने अपने काम से किसी जगह का नक्शा बदल दिया हो। दरअसल, आज हमारा देश जिस जगह पर खड़ा है, उसे यहाँ तक लाने में एक बड़ी भूमिका यहाँ के सिविल सेवकों की है। तभी तो सरदार पटेल ने इन्हें भारतीय शासन व्यवस्था का 'स्टील फ्रेम' कहा था।

आईएएस अधिकारियों में समाज में एक सकारात्मक परिवर्तन लाने की क्षमता होती है, एक ऐसा परिवर्तन जिसकी समाज को विकास के लिए आवश्यकता होती है। आईएएस अधिकारी की महत्त्वपूर्ण स्थिति को ध्यान में रखते हुए, यह कहना ठीक रहेगा कि एक आईएएस अधिकारी की भूमिका चुनौतीपूर्ण होने के साथ–साथ संतोषजनक भी होती है और कभी–कभी तो यह रोमांचक भी हो जाती है।

आईएएस अधिकारी के कार्य

आईएएस अधिकारी के प्रमुख कार्य इस प्रकार हैं–

- नीति निर्धारण, क्रियान्वयन एवं फीडबैक सहित सरकारी मामलों का प्रबंधन करना।
- विभिन्न विभागों एवं निर्वाचित प्रतिनिधियों से परामर्श करना तथा विकास की दिशा में सामूहिक कदम उठाना।
- विभिन्न योजनाओं के बेहतर क्रियान्वयन हेतु आवंटित सार्वजनिक धन का प्रबंधन करना।
- विभिन्न सरकारी योजनाओं एवं नीतियों के क्रियान्वयन की निगरानी करना।
- प्राकृतिक आपदाओं, बड़ी दुर्घटनाओं एवं दंगों जैसी आपात स्थितियों के जवाब में राहत कार्यों के द्वारा प्रतिक्रिया देना एवं समन्वय करना। उदाहरण के लिए, कोविड–19 के दौरान, एक आईएएस अधिकारी के कार्यों में कई गुना वृद्धि हुई।

उपरोक्त के अतिरिक्त एक आईएएस अधिकारी की तीन प्रकार की भूमिकाएँ एवं उत्तरदायित्व होते हैं।

- **क्षेत्र का मूल्यांकन / फील्ड असेसमेंट:** एक आईएएस अधिकारी के लिए यह सर्वाधिक कठिन एवं चुनौतीपूर्ण कार्य माना जाता है। प्रशिक्षण के बाद एक आईएएस अधिकारी की पहली नौकरी आमतौर पर एक फील्ड जॉब होती है।

उपखंड स्तर पर कार्य: एक अनु–मंडल अधिकारी के रूप में एक आईएएस अधिकारी के उत्तरदायित्वों में मुख्य रूप से विधि एवं व्यवस्था का रखरखाव, विकास एवं प्रशासनिक प्रबंधन सम्मिलित होते हैं।

जिला स्तर पर कार्य: एक जिला मजिस्ट्रेट, कलेक्टर या उपायुक्त के रूप में, एक आईएएस अधिकारी एसडीएम के समान कार्य करता है तथा इसमें एसडीएम के सभी कार्यों का ऊपरी तौर पर निरीक्षण भी सम्मिलित है।

- **राज्य सचिवालय/सार्वजनिक क्षेत्र के उपक्रम**: फील्ड पोस्टिंग के बाद, आईएएस अधिकारी आमतौर पर राज्य सचिवालय में परिनियोजित होते हैं। उनका प्रत्यक्ष अनुभव उन्हें निर्वाचित प्रतिनिधियों को नीतियाँ बनाने एवं सरकारी प्रक्रियाओं पर निर्णय लेने संबंधित परामर्श देने में सहायक सिद्ध होता है। साथ ही, अनेक अधिकारी सार्वजनिक क्षेत्र के उपक्रम वाले कैडरों में प्रतिनियुक्ति पर परिनियोजित होते हैं एवं सार्वजनिक क्षेत्र के विभिन्न उद्यमों जैसे ऊर्जा डिस्कॉम, औद्योगिक इकाइयों, इत्यादि के उच्च प्रबंधन का हिस्सा बन जाते हैं।
- **केंद्रीय सचिवालय**: राज्य सचिवालय के बाद आईएएस अधिकारी आमतौर पर केंद्र सरकार के स्तर पर विभिन्न मंत्रालयों के लिए सचिव स्तर के पदों में प्रवेश करता है। इस स्तर के अधिकारी आमतौर पर नीति समीक्षा, निर्माण एवं क्रियान्वयन से संबंधित होते हैं।

आईएएस अधिकारी की शक्तियाँ

दंड प्रक्रिया संहिता (1973): धारा 107,108,109,110,133,144,एवं 176 में विधि एवं व्यवस्था बनाए रखने के लिए मजिस्ट्रेटों को दी गई शक्तियों की सूची है।

- काश्तकारी/किरायेदारी कानून एक कलेक्टर की आय संबंधी शक्तियों का उल्लेख करते हैं।
- राष्ट्रीय आपदा प्रबंधन अधिनियम, आपदा राहत के लिए संचालन को निर्देशित करने में मुख्य सचिवों एवं जिलाधिकारियों (मजिस्ट्रेटों) की शक्तियों को सूचीबद्ध करता है। कोविड–19 में इस अधिनियम का व्यापक रूप से उपयोग किया गया था।

- आर्म्स एक्ट, ड्रग लाइसेंस एक्ट, आवश्यक वस्तु अधिनियम इत्यादि महत्त्वपूर्ण परिस्थितियों में विनियमों को लागू करने हेतु आईएएस अधिकारियों की शक्तियों को सूचीबद्ध करते हैं।
- यद्यपि, किसी को यह नहीं सोचना चाहिए कि ये शक्तियाँ अप्रतिबंधित हैं; अधिकारी इन कानूनों के तहत अपनी शक्तियों का प्रयोग कर सकते हैं, किंतु वे आईएएस नियमों एवं विनियमों से आबद्ध हैं, इसलिए अपने कार्यों के लिए राज्य एवं केंद्र सरकार की विधायिकाओं के प्रति जवाबदेह हैं।

आईपीएस की जिम्मेदारियाँ/कर्त्तव्य

हमारे देश की आंतरिक सुरक्षा पूरी तरह से पुलिसकर्मियों के हाथ में होती है और इन पुलिसकर्मियों की कमान एक आईपीएस अधिकारी के हाथ में होती है, तो यह भी कहा जा सकता है कि एक आईपीएस अधिकारी की जिम्मेदारी बहुत बड़ी होती है और उन्हें निभाने के लिए साहस के साथ–साथ सूझ–बूझ की भी जरूरत होती है।

आईपीएस सेवा अपने आप में केवल एक पद है, जो कि राज्य पुलिस और सभी भारतीय केंद्रीय सशस्त्र पुलिस बल के कर्मचारियों को बल प्रदान करता है। लेकिन बड़े पद के साथ ही बड़ी जिम्मेदारियाँ भी आती हैं, हर जिले का आईपीएस अधिकारी ही पुलिस के अधिकारियों, पुलिस अधीक्षक (SP) और पुलिस उपायुक्त (DSP) का प्रमुख होता है। इसके अलावा, क्षेत्र के पुलिस तंत्र में किसी भी प्रकार की खराबी को सुलझाना भी एक आईपीएस अधिकारी के कर्त्तव्यों और जिम्मेदारियों का हिस्सा होता है।

इंडियन पुलिस सर्विस में चयनित अधिकारियों का मुख्य कार्य कानून–व्यवस्था को बनाए रखना होता है। देश में कानून को सही तरीके से लागू कराने का काम आईपीएस अधिकारी ही करते हैं। इसके लिए आईपीएस अधिकारियों को कड़ी ट्रेनिंग से गुजरना होता है। आईपीएस का प्राथमिक कर्त्तव्य यह सुनिश्चित करना है कि उनके अधिकार क्षेत्र में

लोग सुरक्षित रहें और जिले के सारे अधिकारी, कानून और व्यवस्था बनाए रखने के लिए काम करते रहें।

एक आईपीएस अधिकारी की सबसे महत्त्वपूर्ण जिम्मेदारियाँ इस प्रकार हैं –

- अपराधों को रोकना
- दुर्घटनाओं को रोकना (सामाजिक– आर्थिक आदि)
- आपदा संचालन
- अपराधों की जाँच
- प्राथमिक सूचना रिपोर्ट (FIR) के लिए पंजीकरण
- राजनीतिक/धार्मिक कार्यों के लिए अनुमति प्रदान करना

एक आईपीएस अधिकारी राज्य पुलिस का नेतृत्व करने के अलावा राष्ट्रीय सुरक्षा गार्ड, इंटेलिजेंस ब्यूरो, सीबीआई, बीएसएफ, इंडो–तिब्बती सीमा पुलिस और सीआरपीएफ जैसे केंद्रीय पुलिस संगठनों का भी नेतृत्व करते हैं। यहाँ वे कमांडर की भूमिका निभाते हैं। ये अधिकारी राज्य और संघ–शासित प्रदेशों के पुलिस बल का नेतृत्व करते हैं। विशेष उद्देश्य के लिए क्षेत्र में सेना की तैनाती की स्थिति में उन्हें कुछ समय के लिए भारतीय सेना के साथ भी काम करना पड़ता है।

वहीं राज्य पुलिस में आईपीएस अधिकारी आवंटित जिले में शांति बनाए रखने में एक महत्त्वपूर्ण भूमिका निभाते हैं और वे जिले में लॉ एंड ऑर्डर के सभी फैसलों का अनिवार्य हिस्सा हैं, जो शहर के अंदर किए गए शांति कार्यों में शामिल हैं। इसके अलावा इन्हें यह सुनिश्चित करना पड़ता है कि उनके आवंटित क्षेत्र में संपत्ति या लोगों को कोई भौतिक या आर्थिक नुकसान न हो। वहीं वीआईपी (VIP) की सुरक्षा की जिम्मेदारी भी इनके पास होती है। विशेष रूप से वे मुख्य मंत्रियों और प्रधानमंत्री के संरक्षण के लिए जिम्मेदार होते हैं।

आपदा और संकट प्रबंधन भी एक आईपीएस अधिकारी की जिम्मेदारी होती है, जैसे कि आपदा के कारणों की पहचान करना और लोगों की सुरक्षा करने के लिए संकट की स्थिति को प्रभावी ढंग से प्रबंधित करना। उदाहरण के लिए– दंगों या आपदा के मामले में, आईपीएस अधिकारी अराजकता में आदेश बनाए रखने के लिए सशस्त्र बलों या एनडीआरएफ (NDRF) की तत्काल बैठक कर सकता है।

पुलिस बल एक ऐसी जगह है, जहाँ आप वास्तव में सभी स्तरों पर समाज में एक अच्छा बदलाव ला सकते हैं। किंतु भारत में, पुलिस के लिए काम करने की स्थिति आदर्श से काफी दूर है। आधुनिक तकनीकें पुरानी हो गई हैं और अकसर हमारे आईपीएस अधिकारियों को उन्हीं परिस्थितियों में काम करना पड़ता है। इतना ही नहीं, आईपीएस को कानूनी व्यवस्था के ढाँचे के भीतर रहकर ही काम करना होता है, जो कि अपने आप में काफी प्रतिबंधात्मक और धीमी गति से चलता है।

आईएएस एक सार्वजनिक सामाजिक सेवा है, जबकि आईपीएस कानून और व्यवस्था कायम रखने के लिए अनिवार्य सेवा है और आईपीएस की नौकरी में समाज सेवा करने के कई अनोखे मौके मिलते हैं, जो शायद एक आईएएस अधिकारी को कभी न मिल पाए। एक पुलिस अधिकारी की जिम्मेदारियों की कोई सीमा नहीं होती, जैसे कि यातायात कर्त्तव्यों के आयोजन से लेकर, नागरिकों के जीवन और संपत्ति की सुरक्षा के लिए नियमों का प्रबंधन करना भी उनकी ड्यूटी का हिस्सा है।

आईएएस का वेतन

सिविल सेवा परीक्षा देश के अनेक युवाओं का सपना होता है। लाखों लोग इसे पास करने के लिए जी–तोड़ मेहनत भी करते हैं, लेकिन सफलता सिर्फ कुछ लोगों को ही मिल पाती है। सिविल सेवा परीक्षा में लगभग 24 सेवाओं में नियुक्ति के लिए आवेदन स्वीकार किए जाते हैं और यह सभी सेवाएँ अलग–अलग प्राथमिकता और रैंक के आधार पर प्रदान की जाती हैं। अब जाहिर है कि जब सेवाएँ अलग हैं, तो उनके कार्यक्षेत्र और पारिश्रमिक भी अलग–अलग होंगे।

अब आप यह तो जानते ही हैं कि सिविल सर्विसेस में सबसे ज्यादा अभ्यर्थी आईएएस बनना चाहते हैं और आपको यह भी पता होगा कि आईएएस बनने के लिए टॉप रैंक लानी पड़ती है। जैसा कि रैंक से ही प्रतीत हो जाता है कि आईएएस का पद ऊँचा होता है और इसलिए इनकी सैलरी भी अन्य सेवाओं के मुकाबले अधिक होती है।

7वें वेतन आयोग के अनुसार, किसी भी आईएएस अधिकारी का मूल वेतन 56100 रुपए है। इसके अलावा आईएएस अधिकारियों को यात्रा भत्ता और महँगाई भत्ता समेत कई अन्य भत्ते भी दिए जाते हैं। रिपोर्ट्स के मुताबिक, सभी भत्ते मिलाकर एक आईएएस अधिकारी को शुरुआती दिनों में प्रतिमाह कुल 1 लाख रुपए से ज्यादा सैलरी मिलती है। आईएएस का वेतन आईएएस अधिकारियों के ग्रेड द्वारा नियंत्रित होता है। अपनी सर्विस में वर्षों की संख्या के आधार पर आईएएस अधिकारियों को ग्रेड दिए जाते हैं। आईएएस अधिकारियों के ग्रेड को उनके अनुभव के आधार पर नियमित रूप से अपग्रेड किया जाता है। कभी–कभी उनके प्रदर्शन के आधार पर भी उन्हें प्रमोट किया जाता है। उनके सैलरी स्ट्रक्चर को 8 ग्रेड में विभाजित किया गया है। प्रत्येक ग्रेड का एक फिक्स्ड बेसिक पे और ग्रेड पे होता है।

विभिन्न पद एवं बेसिक सैलरी

पद का नाम	सर्विस के वर्ष	बेसिक–पे
एसडीएम, अंडर सेक्रेटरी, असिस्टेंट सेक्रेटरी	1–4 वर्ष	₹ 56100
एडीएम, डिप्टी सेक्रेटरी, अंडर सेक्रेटरी	5–8 वर्ष	₹ 67700
डिस्ट्रिक्ट मजिस्ट्रेट, जॉइंट सेक्रेटरी, डिप्टी सेक्रेटरी	9–12 वर्ष	₹ 78800

डिस्ट्रिक्ट मजिस्ट्रेट, डिप्टी सेक्रेटरी, डायरेक्टर	13–16 वर्ष	₹ 118500
डिविजनल कमिश्नर, सेक्रेटरी कम कमिश्नर		
जॉइंट सेक्रेटरी	16–24 वर्ष	₹ 144200
डिविजनल कमिश्नर, प्रिंसिपल सेक्रेटरी एडिशनल सेक्रेटरी	25–30 वर्ष	₹ 182200
एडिशनल चीफ सेक्रेटरी	30–33 वर्ष	₹ 205400
चीफ सेक्रेटरी और सेक्रेटरी	34–36 वर्ष	₹ 225000
कैबिनेट सेक्रेटरी	37 वर्ष से ज्यादा	₹ 250000

इसी तरह 7वें वेतन आयोग के अनुसार, एक आईपीएस ऑफिसर को 56100 रुपए वेतन मिलता है। बेसिक सैलरी के अलावा आईपीएस अफसर को महँगाई भत्ता और कई अन्य तरह के भत्ते भी मिलते हैं। एक आईपीएस अफसर प्रमोशन के बाद डीजीपी के पद तक पहुँच सकता है और डीजीपी के पद पर तैनात अधिकारी को सबसे ज्यादा सैलरी मिलती है। आईपीएस की सैलरी संरचना इस प्रकार है–

डीएसपी (DSP)	इनको 56 हजार 100 रुपए सैलरी मिलती है।
एएसपी (ASP) एसपी (SP)	इनको 67 हजार 700 रुपए सैलरी मिलती है। इस पद पर पहुँचने के बाद आईपीएस अधिकारी को 78 हजार 800 रुपए सैलरी मिलती है।
एएसपी (SSP)	इस पद पर अधिकारियों की सैलरी 1 लाख 18 हजार 500 रुपए हो जाती है।
डीआईजी (DIG)	इन आईपीएस अधिकारी को 1 लाख 31 हजार 100 रुपए सैलरी मिलती है।

आईजी (IG)	इनको 1 लाख 44 हजार 200 रुपए की मासिक सैलरी मिलती है।
एडीजीपी (ADGP)	इस रैंक पर पहुँचने पर आईपीएस अधिकारियों को 2 लाख 5 हजार 400 रुपए सैलरी मिलती है।
डीजीपी (DGP)	आईपीएस अधिकारियों में यह सबसे ऊँचा पद है। इस पद पर तैनात अधिकारी को सबसे ज्यादा सैलरी मिलती है। इनका मासिक वेतन 2 लाख 25 हजार रुपए होता है।

7वें वेतन आयोग के अनुसार, अब हर एक आईआरएस ऑफिसर को उसके बेसिक वेतन और TA, DA, HRA के अनुसार ही वेतन प्राप्त होता है।

आईआरएस अधिकारियों की वेतन संरचना

पदनाम	वेतनमान
सहायक आयकर आयुक्त	₹ 15,600 - 39100 + ₹ 1400 का ग्रेड वेतन
आयकर उपायुक्त	₹ 15,600 - 39100 + ग्रेड वेतन ₹ 6600
संयुक्त आयकर आयुक्त	₹ 15,600 - 39100 + ग्रेड वेतन ₹ 7600
अतिरिक्त आयकर आयुक्त	₹ 37,400 - 67,000 + ग्रेड वेतन ₹ 8700
आयकर आयुक्त	₹ 37,400 - 67,000 + ₹ 10000 का ग्रेड वेतन
प्रधान आयकर आयुक्त	₹ 75,000 से ₹ 80,000
मुख्य आयकर आयुक्त	₹ 75,000 से ₹ 80,000
प्रधान मुख्य आयकर आयुक्त	₹ 80,000 फिक्स्ड

एक आईआरएस अधिकारी को मिलने वाले मूल वेतन और भत्तों के अलावा और भी कई सुविधाएँ मिलती हैं, जैसे–मेडिकल, बिजली और पानी का बिल, विदेश में अध्ययन के विकल्प, मुफ्त फोन कॉल, पेंशन और सेवानिवृत्ति लाभ, सुरक्षा गार्ड और घरेलू सहायक, अपार्टमेंट (2 या 3 बीएचके) व परिवहन।

कैसे बनें एक सफल आईएएस/आईपीएस अधिकारी

आईएएस/आईपीएस की तैयारी करने वाला हर अभ्यर्थी जी तोड़ मेहनत करता है और अपनी एनर्जी और टाइम दोनों इन्वेस्ट करता है। तैयारी के दौरान वह न सिर्फ अपनी नॉलेज बढ़ाता है, बल्कि अपने अंदर कुछ गुणों का भी विकास करता है, ये गुण और आदतें न सिर्फ उसकी तैयारी में, बल्कि आईएएस अधिकारी बन जाने के बाद भी उसके साथ रहती हैं और प्रोफेशनल लाइफ में भी उसके काम आती हैं।

एक सफल आईएएस/आईपीएस अभ्यर्थी की सबसे बड़ी खासियत यह होती है कि वे हर समय एक के बाद दूसरी मंजिल पाने के लिए मेहनत करते हैं। आईएएस/आईपीएस बन जाने के बाद भी, वे चैन से बैठने की बजाय आगे और भी कामयाबी पाने के लिए प्लान करते रहते हैं। दरअसल, यह एक ऐसा गुण है, जो उसकी आदतों के परिणामस्वरूप उस व्यक्ति के अंदर विकसित हो जाता है। इसलिए अगर आप भी एक कामयाब आईएएस/आईपीएस ऑफिसर बनना चाहते हैं, तो आपको भी इन आदतों को अपने अंदर विकसित करना चाहिए।

स्वयं का मूल्यांकन करें–आपको नियमित अंतराल पर खुद का मूल्यांकन करते रहना चाहिए। दैनिक, साप्ताहिक या फिर मासिक आधार पर अभ्यास और मॉक टेस्ट के माध्यम से खुद का परीक्षण करने के लिए पर्याप्त समय निकालें। अपना मूल्यांकन खुद करते रहने से आप न सिर्फ अपनी गलती पकड़ सकेंगे, बल्कि धीरे–धीरे आपकी गलतियाँ भी कम होने लगेंगी। इसके अलावा अपना मूल्यांकन स्वयं के अलावा दूसरों की तुलना में भी करें, खासकर उनसे जिन्हें आप स्वयं से बेहतर मानते हैं।

अब और अभी पर फोकस करें–आपको अतीत की विफलताओं को पीछे छोड़कर वर्तमान पर अधिक बल देना चाहिए। अतीत की विफलताओं के बारे में सोचकर स्वयं को निराश करने के बजाय, भविष्य में सुधार करने का प्रयत्न करना चाहिए। यदि आप ऐसा प्रयास निरंतर रूप से करते हैं, तो निश्चित ही यह आपके लिए प्रेरणा का स्रोत बन जाएगा और न सिर्फ आईएएस/आईपीएस की तैयारी का परिणाम, बल्कि उसके बाद का प्रोफेशनल जीवन भी आपके लिए सुखद रहेगा।

असफलताओं से सीखें–असफलता हर किसी को मिलती है, लेकिन जो उस असफलता में डूबकर आगे नहीं बढ़ता, वह आगे भी सफल नहीं होगा और जो उस असफलता पर सोचे बिना आगे बढ़ जाएगा, उसके भी सफल होने की संभावना न के बराबर है। असफलता मिली, तो किन गलतियों से मिली और जो गलतियाँ हुईं, वो क्यों हुईं? इन सवालों के जवाब ढूँढकर आगे बढ़िए और अपने मन में यह ठान लीजिए कि वो गलतियाँ दोबारा नहीं होंगी।

स्थितियों का प्रभार लें (Take charge of situations)–आईएएस/आईपीएस अधिकारी के मातहत कई लोग काम करते हैं, जो हर दूसरी सिचुएशन में उसके ऑर्डर का इंतजार करते हैं। एक अच्छे आईएएस/आईपीएस अधिकारी से यह उम्मीद की जाती है कि वह अपने मातहतों या अधीनस्थों का सही मार्गदर्शन कर सके। आईएएस/आईपीएस अभ्यर्थी के तौर पर अगर आपको यह लगता है कि आप अपने अंदर नेतृत्व क्षमता विकसित नहीं कर सकते हैं, तो यकीन मानिए, आपका आईएएस/आईपीएस अधिकारी बन पाना बेहद मुश्किल है। साक्षात्कार पैनल में सवाल पूछने वाले लोग किसी भी अभ्यर्थी में सबसे पहले यही विशेषता या खूबी ढूँढते हैं। वे अपने सवालों और विभिन्न परिस्थितियों के बारे में आपके विचारों से इसे परख लेते हैं। इस खूबी को डेवलप करने के लिए सबसे पहले अपने स्वयं के विचार बनाएँ और उन्हें मुखरता से प्रस्तुत करना शुरू करें।

सकारात्मकता–जीवन में सकारात्मक रहना बहुत महत्त्वपूर्ण है। यह एक ऐसा गुण है, जो आपको बड़े–से–बड़े पहाड़ से टकरा जाने की हिम्मत देता है। एक सफल आईएएस/आईपीएस अधिकारी बनने के लिए आपको अपने अंदर यही विशेषता लानी पड़ेगी। एक आईएएस/आईपीएस अधिकारी किसी भी परिस्थिति में हारकर नहीं बैठ सकता। इसका एक बहुत अच्छा उदाहरण हमें कोरोना महामारी के दौरान देखने को मिला, जब लॉकडाउन में भी हमारे देश की आम जनता को बड़ी परेशानी का सामना नहीं करना पड़ा। गरीबों को मुफ्त राशन की व्यवस्था हो या जरूरतमंद लोगों तक जरूरी सामानों को पहुँचाना, हमारे देश के विभिन्न प्रशासनिक अधिकारियों ने यह सब सुनिश्चित किया।

❑❑❑